Luisa Francia

Hundstage. Krokodilstränen

Luisa Francia

Hundstage. Krokodilstränen

Leben mit dem Klimawandel

Frauenoffensive

1. Auflage, 2008

Verlag Frauenoffensive
Weißenburger Str. 40, 81667 München
info@verlag-frauenoffensive.de

ISBN 978-3-88104-380-9

Druck: CPI-books, Clausen & Bosse, Leck
Umschlaggestaltung: Erasmi & Stein, München
nach einem Entwurf von Luisa Francia

Dieses Buch ist gedruckt auf Papier aus chlorfrei gebleichtem Zellstoff.

INHALT

VORWORT

In den Raunächten, der wilden Zeit zwischen den Jahren, begann ich dieses Buch zu schreiben. Die Zeit zwischen den Jahren, zwischen Mondkalender und Sonnenkalender, zwischen der Zeitrechnung nach der Natur und der konstruierten Sonnenzeit mit 365 Tagen pro Jahr und alle vier Jahre im Schaltjahr ein Tag dazu. Die Unterordnung der Zeit, der Natur, der Menschen unter die Produktion, die Industrie, Profitinteressen. Das Schlachtvieh, die Milchkühe, die Mastgänse, das Nutzholz, die Nutzpflanzen.

Die Wilde Jagd ist eine Erinnerung an die Zeit, als die Menschen noch ihre Schwierigkeiten mit der Natur hatten. Als die dunkle, die kalte Zeit erforderte, dass man sich zurückzog in die wenigen warmen Stuben, um sich Geschichten zu erzählen und die Arbeit ruhen zu lassen. Als man der Göttin Percht noch weiße Speisen vor die Tür stellte, damit sie die Stürme besänftigte, die Wogen glättete. Die Zeit zwischen den Jahren erinnerte daran, dass wir nicht ewig leben. Im Übergang zwischen Leben und Tod zog die Percht mit ihrem Hundewagen und den Seelen der Verstorbenen durch die Nacht und rüttelte an den Türen der Lebenden, um den Tod ins Bewußtsein zu bringen. Lebe so, dass nichts durch dein Zutun Schaden nimmt, genieße die Schönheit der Erde und respektiere die Bedürfnisse anderer Wesen – das ist die Botschaft dieser alten alpenländischen Göttin.

In den letzten Jahren scheint die Natur auf die Ausbeutung und Zerstörung durch die Menschen zu reagieren. Tsunami, Catrina, Kyrill, lange davor der erste Wirbelsturm, Wiebke, in Deutschland. Da hätten wir schon hellwach werden können. Als die ersten Dächer über den Wald flogen, wäre es eigentlich Zeit gewesen, über das Zeitalter der „Immobilien“ nachzudenken, das nun schon rund viertausend Jahre währt. In diesen viertausend Jahren wurden die Menschheit unbeweglich, immobil, horteten Besitz, unterjochten andere als Sklaven, danach als Arbeitskräfte, machten sich die Erde untertan oder taten jedenfalls alles dazu.

In diesem relativ kurzen Zeitraum, bedenkt man, wie lange es Menschen schon gibt, schafften wir es, fast den gesamten Planeten zu vergiften, zu zerstören, Abertausende von Arten auszurotten und uns selbst in bedrohlichem Maß zu vermehren. Kann der Prozess der totalen Vernichtung überhaupt noch gestoppt, umgekehrt werden? Was soll da ein carbon footprint bewirken – ein CO_2-Fußabdruck, der zeigt, wieviel CO_2 ein Mensch, ein Tier, eine Pflanze, ein Produkt hinterlässt? Ist CO_2 nicht etwas völlig Abstraktes? Doch auch wenn wir nicht reagieren, werden die Auswirkungen des Klimawandels zu spüren sein. Vielleicht ist es wie in dem spanischen Sprichwort: Auch wenn der Hahn nicht kräht, geht die Sonne auf. Oder geht es nur darum, das Publikum zu unterhalten?

Dann stand ich vor der Kunsteisbahn am Münchner Ostbahnhof, die bunt erleuchtet mit viel Strom Tag und Nacht vereist wird. Kaum jemand fährt darauf mit Schlittschuhen. Obwohl die Außentemperatur mittlerweile auf etwa 12 Grad plus gestiegen war, standen die Betreiber frierend am Eis. Soviel Energieaufwand, nur damit zwei Männer, die in einem milden Winter nichts zu tun haben, ein bisschen frieren können...

I. IN DIE SPIRALE HINEIN

GOTT IST TOT – ABER DIE WÜSTE LEBT

Ich möchte etwas Lustiges über den Klimawandel schreiben, sagte ich. Klimawandel, sagte meine Schwester, wie lustig. Alle reden und schreiben über den Klimawandel. Besonders originell ist das nicht.

Muss ja nicht immer alles originell sein, sagte ich. Über Al Bore möchte ich auch schreiben.

Der heißt Gore, sagte sie.

Weiß ich, sagte ich. Bore, weil er mich langweilt.

Sie sah mich an, wie sie mich immer ansieht, wenn sie findet, dass ich nicht ständig provozieren und mich nicht über alles lustig machen soll. Und ich verstand, dass ich Al Gore in Ruhe lassen soll. Ich werde mir das überlegen. Aber ich glaube nicht, dass etwas draus wird, auch wenn er den Friedensnobelpreis bekommen hat. Hat den nicht auch Yassir Arafat bekommen?

Wenn einer einen neuen „Marshallplan“ aufstellen will und glaubt, dass er alles über die Erde, das Klima und die Menschen begriffen hat, werde ich hellhörig. Zwar sagt ein englischer Lehrer, den ich im Zug von Paris nach München treffe, dass Al Gore bei allen Widersprüchen durchaus wichtig ist, weil er das Kind beim Namen nennt und die großen Firmen anprangert, doch die großen Firmen haben ausgezeichnete Werbestrategen, und die werden den Ex-Vizepräsidenten nicht öffentlich angreifen, sondern ihn wegloben.

Als „zweitmächtigster Mann“ der Vereinigten Staaten schaffte er es in der Regierung Clinton, „der Umwelt mehr Schaden zuzufügen als die Regierung Reagan und Bush zusammen“, wie der Journalist David Brewer recherchierte. Der Ölkonzern Occidental sponsorte Clinton/Gore's Wahlkampf und bekam den größten privaten Landkauf genehmigt, den es in den Vereinigten Staaten je gegeben hat, Elk Hill, um dort nach Öl zu bohren.

Al Gore wird nicht nur von seinem Verwandten, dem Schriftsteller Gore Vidal scharf angegriffen, Umweltaktivisten wissen schon lange, dass seine „grüne“ Tour fragwürdig ist, so hat er immer „saubere Kohle“ gefordert und Kernkraftwerke als unabdingbar erklärt. Gentechnologie, wie der Chemieriese und Biopirat Monsanto sie betreibt, ist für ihn kein Problem. Dabei ist mit dem Pflanzenvernichtungsmittel Roundup der Firma Monsanto eine weltweite Vergiftung der Natur eingeleitet worden. Roundup zerstört nämlich alle Pflanzen, die nicht von Monsanto genmanipuliert und gegen Roundup resistent gemacht wurden. In Asien, Südamerika und Afrika werden so natürliche Arten ausgerottet, Bauern ruiniert, ihr Saatgut gestohlen, so dass sie für den Anbau künftig an Monsanto Lizenzgebühren bezahlen müssen, und LandarbeiterInnen vergiftet.

Bei Al Gores blindem Fleck könnten auch familiäre Verwicklungen mitspielen. Der Cousin ersten Grades seiner Frau Tipper arbeitete als Anwalt für Monsanto und ist jetzt bei der nationalen Zulassungsstelle für neue Patente FDA. Monsanto ist für seine Gewohnheit bekannt, problematische Studien über genmanipulierte Pflanzen oder Experimente an Tieren verschwinden zu lassen.

Alle Ölmultis haben ja mittlerweile „Öko"-Abteilungen, in denen heftig am Image gewoben wird, zum Beispiel die englische BP, die mit einer Sonnenblume im Logo scheinheilig für sich wirbt. Vielleicht sollte man dazu auch noch wissen, dass sich die Ölindustrie längst umorientiert hat. Ölfirmen besitzen die Patente für fast alle Samen und Getreidearten, für genetische Zellmanipulationen usw. Das macht die Sonnenblume irgendwie unheimlich... Ein Al Gore mit seiner plakativen Kritik und seinen vagen Anwürfen ist denen nicht mehr als eine lästige Fliege. Wissen sie doch, dass die Menschen träge sind, schwer zu bewegen, schwer bei einer Sache zu halten, sogar wenn es um ihr Leben geht.

Wir schütteln den Kopf über den Frosch, der im Wasser bleibt, obwohl es immer heißer wird, denn während er drin ist, fühlt er die Verschärfung der Gefahr nicht. Er springt nicht einmal aus dem Wasser, wenn es zu kochen beginnt. Der Frosch – das sind wir.

Wie ist es eigentlich gekommen, dass plötzlich alle vom Klima sprechen und unbedingt etwas geschehen muss? Es kommt mir vor, als wäre es gestern gewesen, als alle über Darfour redeten und von Leonardo DiCaprio bis George Clooney, von Mia Farrow über Madonna bis Angelina Jolie alle nach Afrika reisten, um sich mit hungrigen, kranken oder besonders niedlichen Kindern fotografieren zu lassen und vielleicht das eine oder andere zu adoptieren. Die Lage in Darfour ist immer noch katastrophal, und nur George Clooney erinnert die Öffentlichkeit gelegentlich daran, dass das Problem nicht gelöst ist, die Menschen auf Hilfe angewiesen sind. Warum er ausgerechnet für die Firma Nestle wirbt, die in armen Ländern unglaublichen Schaden anrichtet, muss sein Geheimnis bleiben. Gelegentlich sieht man die tapfere Mia Farrow im Fernsehen mit einigen wackeren Frauen vor Behörden demonstrieren. Frauen wirken schnell pathetisch, wenn sie sich einer Sache verschrieben haben, vielleicht ist das der Grund, dass so viele Frauen zögern, sich zu engagieren. Und nicht nur das. Ein Mann, der sich radikalisiert, droht im Gefängnis zu landen. Das Äquivalent für Frauen ist die Psychiatrie.

Die Medienkarawane ist weitergezogen: von Darfour nach Kenia, von Kenia zur neuen Gattin des französischen Präsidenten, die von sich sagt, sie wolle „einen Mann, der über die Atombombe entscheidet", Geld sei nicht ihr Thema, und damit ist das Problem Darfour aus dem Bewußtsein der westlichen Welt verschwunden. Wir nehmen nur wahr, was an unserer Nase vorbeigezogen wird.

Auf Knopfdruck regen wir uns auf über Jugendgewalt, Atomunfälle, Krieg und Massaker in Afrika, die Drogengewohnheiten von Pete Dougherty und die Eskapaden von Britney Spears. Schwamm drüber. Ich verstehe, dass Schauspieler nicht überall sein können und die UN-Schutztruppen auch nicht.

Da in Darfour keine Ölfelder oder Diamantenvorkommen in Gefahr sind, zahlt es sich ohnehin für westliche Länder kaum aus, einzugreifen, Konflikte zu schlichten. Dann schlaffen die Medien ab. Die Redaktionen erklären, sie könnten ihren Leserinnen und Lesern nicht alle Tage Horrorgeschichten aus Afrika vorsetzen, schließlich leben Zeitungen von der Werbung, und die klappt nur reibungslos, wenn eine verträgliche Mischung aus Sex und Crime die abgestumpften KonsumentInnen erregt und

Katastrophen gelegentliche Highlights bleiben. Wir mediengesteuerten ahnungslosen wehleidigen WesteuropäerInnen regen uns halt von Zeit zu Zeit auf und gehen dann seufzend zum Latte macchiato oder Carpaccio über. Man kann sich schließlich nicht um alles kümmern. Und im Kino läuft irgendwie auch nur Mist.

Die Gletscher schmelzen. Überschwemmungen, Naturkatastrophen bedrohen nicht nur die Menschen in armen Ländern, sie machen unangenehmerweise auch vor österreichischen und schweizerischen Bergdörfern nicht Halt.

Wir standen bei der Vernissage einer entsprechenden Ausstellung vor den Bildern der verschwindenden Gletscher. Mehrere Rednerinnen und Redner erzählten, wie die Menschen die Atmosphäre zerstören und der Klimawandel nicht mehr aufzuhalten ist. Ein kleiner Kinderfinger deutete auf ein zerstörtes Dorf, und in die betroffene Stille hinein sagte plötzlich ein Kinderstimmchen: „Schau mal, was der böse Gletscher da gemacht hat!" Wie erklärt eine Mutter ihrem Kind, dass es alles in die falsche Kehle bekommen hat. Oder weiß es mehr als wir?

In Frankreich werden durch Wolkenbrüche Straßen überflutet und Campingplätze zerlegt, Südengland steht nach einem Regensturm unter Wasser, in Deutschland gibt es nach „sintflutartigen" Regenfällen Überschwemmungen nicht nur in Passau, wo die Menschen routiniert ihre Pumpen anwerfen, weil sie sich daran gewöhnt haben. Und doch sind auch jene Menschen zur Tagesordnung übergegangen, deren Häuser heute noch nach Moder und Schlamm stinken. Es gibt Experten, die bei Fernsehdiskussionen höhnisch ihre Lippen verziehen, wenn vom Klimawandel die Rede ist. Sogar „Klimawandelleugner" gibt es. Klimakatastrophen gab es schon immer, sagen sie und dass das alles herbeigeredet wird, dass die vom Menschen gemachte Veränderung ein Mythos ist und die Erde sowieso regelmäßig ganz allein das Klima verändert.

Vor hundertfünfzigtausend Jahren war eine tiefgreifende Veränderung des Wetters und der Lebensbedingungen für die wenigen Menschen, die es gegeben haben mag, vielleicht gravierend, aber sie konnten ausweichen. Wurde ihnen das Wetter zu schlecht, zogen sie nach Süden. Fanden sie keine Nahrung, wanderten sie weiter. Wohin aber sollen sechs Milliarden Menschen ziehen? Die Raumstationen sind noch nicht fertig, die später einmal die Superreichen bewohnen wollen, wenn die Erde erfolgreich unbewohnbar gemacht wurde. Schade eigentlich, dann wären wir die schon mal los.

Vor Jahren war die Ozon-Debatte in Mode. Alles sprach über Ozonwerte, die Kommunen gingen so weit, ihren Bürgerinnen und Bürgern zu empfehlen, das Auto stehen zu lassen. Zu einem Fahrverbot kam es zwar nicht, aber die Lage wurde ziemlich drastisch geschildert, um die Menschen zu überzeugen. Die Reaktion der Bevölkerung war krass. Alle fuhren noch schnell mit dem Auto irgendwohin, falls doch ein Fahrverbot ausgesprochen würde.

Vom Ozon ist keine Rede mehr, obwohl sich die Lage keineswegs entspannt hat. Die Hautkrebsrate zum Beispiel in Zypern, wo das Ozonloch besonders groß ist, liegt weit über der in anderen Mittelmeerländern. Aber wer wohnt schon auf Zypern? Man kann sich ja nicht um alle Gefahren kümmern.

Dann kam Feinstaub auf. Feinstaub – das ist Deutschland, also fingen alle Deutschen an zu stöhnen. Die Werte an der Landshuter Allee in München überstiegen die Grenzwerte so dramatisch, dass ein Münchner gegen die bayerische Regierung klagte, weil sie nichts unternahm. Er gewann den Prozess. Seitdem habe ich nichts mehr von der Sache gehört. Auf der Landshuter Allee aber und überall sonst werden weiterhin mehrspurig nach Kräften Feinstaub und alle anderen Gifte erzeugt, die beim Abbrennen fossiler Brennstoffe halt entstehen. An Silvester 2007/08 erhöhte sich die Feinstaubmenge von normalerweise 40 bis 100 Mikrogramm rasant auf 4000 – was immer das bedeutet. Ich las es in der Zeitung: Wahnsinn! Aber warum eigentlich? Feinstaub zieht nicht mehr bei den aufgeklärten Menschen.

Ich fühle mich zur Zeit so seltsam beschleunigt. Wie verrückt recherchiere ich zu Klimawandel, Feinstaub, Umweltverschmutzung, und während ich Informationen sammle, verarbeite, hin und her werfe, um sie besser zu verstehen, fallen lasse, hält die Erde die Luft an, ich erstarre über dem Computer. Was, wenn alles ganz anders ist? Ich meine: ganz anders. Weil die Erde ein lebendiger Organismus ist? Weil sie anders reagiert, als wir es berechnen können?

In meiner Heimatgegend wurde gerade eine Umgehungsstraße durch ein Naturschutzgebiet genehmigt. Wer braucht schon Kröten, Fledermäuse oder Sumpfdotterblumen? Auch die Waldschlösschenbrücke ins Nirgendwo von Dresdens Wohngebieten lässt einen am Verstand der Menschen ganz generell zweifeln. Hauptsache, wir haben Autos. Und Straßen. Auch die Menschen, die gegen die Zerstörung von Wäldern, Biotopen und Naturlandschaften protestieren, fahren Autos. Es gibt diesen seltsamen blinden Fleck: *Man* muss etwas unternehmen. *Die* tun nichts. Aber was mache ich eigentlich? Muss ich etwas machen? Reicht es nicht, dass ich einfach lebe und das wahrnehme, was es halt so gibt?

„Weg vom Öl" steht auf einem Plakat. Ein Bundestagsabgeordneter der Grünen hält einen Vortrag über alternative Energie. Müsste auf dem Plakat nicht „Weg vom Auto" stehen? Oder „Weg vom Fleischkonsum" oder „Weg von tierischen Produkten"? Dass das keinen Hund hinter dem Ofen hervorlockt, wissen auch die Grünen. Ein grüner Regionalpolitiker hat ausgerechnet, wieviel Raps angebaut werden müsste, um damit Autos anzutreiben. Sein Fazit: In seinem Landkreis müsste der gesamte Forst abgeholzt werden, doch die Anbaufläche für Raps, die dabei entstehen würde, produzierte gerade genug Öl, um alle Autos im Landkreis drei Monate lang anzutreiben. Da kann doch das Fazit nur heißen: Der Autoverkehr muss reduziert werden. Und zwar drastisch. Das sagt aber niemand. Arbeitsplätze! Fortschritt! Freiheit!

Die Tierzucht zum Zweck der Nahrungsproduktion ist derart energieaufwendig und geht an den Bedürfnissen und Rechten der Tiere so radikal vorbei, dass ein Aufschrei durch das Land gehen und die Landwirtschaft, so wie sie ist, eingestellt werden müsste. Weit gefehlt. Ich habe auf dem Land mit FreundInnen eine Landwirtschaft betrieben, Kühe gemolken, Hühner geschlachtet. Ich habe mich gewundert, wie sachlich und unemotional Bauern mit Tieren umgehen, deren Nutzwert errechnen, ihre schlechte Laune an ihnen auslassen, und habe mich gegen Ende meiner landwirtschaftlichen Tätigkeit zwischen einen Bauern und eine gebärende Kuh geworfen, um zu verhindern, dass er mit einem Strick das Kalb aus dem Bauch der Mutterkuh zog, ohne dass die überhaupt Wehen hatte. Ich habe Kühe mit Kräutertee und Feigen gefüttert und ihnen Lieder gesungen. Als eine Kuh bei der Geburt des Kalbs starb, war ich so weit, dass ich auf diese Landwirtschaft keine Lust mehr hatte. Auf die Ausbeutung der Tiere, der Natur. Auf den unbekümmerten Umgang mit Gift.

Als ich darüber schreiben wollte, dass man in der Baywa, also im bayerischen Warenlagerhaus für Bauern unkontrolliert soviel Gift kaufen kann, dass eine Kleinstadt ausgerottet werden könnte, wenn das alles ins Trinkwasser gekippt würde, wollte niemand diesen – übrigens sehr gut recherchierten – Artikel haben. Ich hatte ganz legal große Mengen Gift gekauft, um zu beweisen, dass das überhaupt nicht schwierig ist. Etwa um diese Zeit starb im Dorf ein Kind an Kupfer in der Leber. Es war immer mit dem Vater aufs Feld gegangen, um zuzusehen, wie er seine Giftspritze betätigte.

Ich fragte die Bauern in der Umgebung, was sie mit den Pflanzen„schutz"mitteln machen, die sie nicht mehr brauchten. Als mir einer sagte, er schütte sie in den Gully, fuhr ich zwei Wochen in Urlaub, so geschockt war ich. Die Unbewusstheit, mit der Tiere gequält werden, der Boden zerstört, die Umwelt belastet wird! Die Gier, mit der Fleisch gefressen wird! Das kostet wahrscheinlich mehr Energie und vernichtet vielleicht mehr Kultur, als wir uns vorstellen können. Vielleicht. Aber vielleicht stimmt das auch nicht. Wenn ich darüber nachdenke, wie viele falsche Informationen veröffentlicht werden, wie Angst erzeugt wird, um eine bestimmte Politik überhaupt möglich zu machen, dann bleibt mir das Wort Klimawandel plötzlich im Hals stecken.

In dem Haus in München, in dem ich seit Jahren wohne, sollte eine Versammlung abgehalten werden, um den Aufbau von Mobilfunkantennen zu verhindern. Alle haben Angst vor der Strahlenbelastung, gerade gab es im Gasteig, dem Münchner Kulturzentrum, eine Ausstellung über Elektrosmog. Alles sehr einleuchtend. Ich fragte, wer von den Anwesenden kein Handy habe. Ich war die einzige. Wer mobil telefonieren will, muss die Antennen in Kauf nehmen. Schließlich wollen ja alle ein Netz haben.

Wer Müll produziert, muss Müllplätze und Verbrennungsanlagen in Kauf nehmen. Das Zeug woanders hinzufahren, verlagert nur das Problem. Wer den Fortschritt will, muss akzeptieren, dass die Entfernung zu den wirklichen Bedürfnissen größer wird. Dass es nach einem nuklearen Unfall wie Tschernobyl, nach der Verseuchung von Feldern durch genmanipulierten Mais kein Zurück mehr gibt. Wer glaubt, dass eine kleine Menge Gift schon nicht so schlimm sein wird, muss wissen, dass alles Spuren hinterlässt, Prozesse in Gang setzt, die nicht einfach mit ein paar Tränen oder demonstrativer Reue weggewischt werden. Wer so lebt, wie wir im „zivilisierten" Teil der Welt leben, muss damit rechnen, dass es mit der Menschheit zu Ende geht.

Die Erde ist rund. What goes round comes round, sagt ein englisches Sprichwort. Was weggeht, kommt wieder. Könnte man den Dreck auf den Mars schaffen? Keinen Atommüll auf den Mars, heißt es in einem Witz. Mars bringt verbrauchte Energie sofort zurück.

SATT, WARM UND ZUFRIEDEN

Als ich ein Kind war, in den fünfziger Jahren, hatten wir eine Notkerze für den Fall, dass der Strom ausblieb oder ein Sturm das Anzünden einer Kerze erforderte, ein spiritueller Notfall sozusagen. Wir hatten keinen Kühlschrank, Fernseher gab es noch nicht, und als die bei uns eingeführt wurden, lief der ganze Ort bei Schnaiters oder bei der Frau Mitz zusammen, um London 999 oder 77 Sunsetstrip oder Anneliese Fleyenschmidt zu sehen.

Gelegentlich gab es einen Stromausfall – damals wussten wir von Strom gar nichts, der fiel wie Manna vom Himmel – und dann gingen alle gut gelaunt heim, um Karten zu spielen oder in Katalogen zu blättern.

Strom entstand eigentlich überhaupt nur durch die Sicherungen, diese kleinen weißen hübschen Figuren, die in einer Schachtel zu zehn Stück im sogenannten Sicherungskasten lagen. Meistens fehlten zwei oder drei, weil immer mal wieder eine durchbrannte. Einen Kühlschrank hätten wir gar nicht gebraucht. Ein Frauenhaushalt bunkert Bier eher selten, wir hatten sowieso die Wirtschaft im Nebenhaus, da ging ich abends mit Omas Krüglein hinüber und holte ein Viertel Dunkles. Wenn etwas kühl bleiben sollte, Milch, Butter oder der „Kalte Hund“, eine Torte aus Keksen und Schokolade, die mit Fett gestreckt worden war, dann stand es über Nacht im Keller, durch einen Gitterdeckel vor Kohlenstaub und unerwünschten Angriffen durch Mäuse geschützt. Jeden Abend holten meine Schwester oder ich einen Liter Milch. Oft lauerten mir zwei Buben aus der Nachbarschaft auf und jagten mich mit der vollen Milchkanne durch den Wirtsgarten vom Kastenwirt.

Menschliche Energie war alles, Strom war nichts. Es gab nur zwei Autos, als ich klein war: den Opel des Apothekers, bei dem wir auf seiner Lieferungsrunde mitfahren durften, weil seine Tochter unsere beste Freundin war, und den hinreißend schönen BMW vom Ingenieur mit einer Münchner Nummer. Die Hunde waren von diesen Autos so irritiert, dass sie aus den Gärten und Türen sprangen und versuchten, in die Reifen zu beißen.

Energie war kein Problem, schon gar kein Umweltproblem. Aber dann fing der Ärger an. Plötzlich gab es Aufschwung, nicht für die, die ihn erwirtschaftet hatten, die Frauen, die jeden Ziegelstein saubergeklopft hatten, damit Deutschland wieder aufgebaut werden konnte. Nein. Aus den Ruinen, von Frauen saubergeputzt, stiegen arrogante fette zigarrenrauchende Altfaschisten und Neureiche und rissen alles an sich. Deutschland wurde ein Wirtschaftswunderland.

Während ich noch abends das Betthupferl im Radio hörte und am Samstag nachmittag „Familie Brandl“, während wir draußen spielten, bis es dunkel war, und nichts zum Spielen hatten außer einem Springseil und zwei Porzellanpuppen, die nur samstags aus der Versenkung geholt werden durften, währenddessen wurden die Leute um uns herum reich, kauften Autos und Fernseher. Die Bauern schütteten agrochemische Produkte aller Art, Pestizide, Unkrautvernichtungsmittel, Kunstdünger und was es so gab, auf ihre Felder. Mit dem Reichtum kam das Gift und auch die Energie.

Plötzlich brauchte man für alles Energie. Und weil so viele Geräte am Strom hingen und die Sicherungen reihenweise heraussprangen, konstruierten die Ingenieure Schalter, die nur noch umgelegt werden mussten – schon kam der Strom zurück. Die Nächte meiner Kindheit waren dunkel, nur gelegentlich von einem brennenden Hof erhellt. Nun kamen die Nächte der Straßenbeleuchtung, die wütenden Briefe an die Lokalzeitung, man könne ja nicht mehr ruhig schlafen vor lauter Licht. Kerzen brannten jetzt nicht nur, wenn der Strom ausfiel, sondern romantischerweise zusätzlich zur elektrischen Beleuchtung.

Kaum war die Not nach dem Krieg vorbei, gab es ein Müllproblem, das damals allerdings noch niemand erkannte. Alte Geräte, Matratzen, Kühlschränke, Autos wurden einfach irgendwo im Wald deponiert oder in eine Schlucht geworfen, wo auslaufende Gifte, Öl, Kühlflüssigkeit den Boden verseuchten. Wenn mein Vater früher meiner Schwester und mir nachts die Sterne erklärt hatte, war es stockdunkel gewesen. Nun kamen die Nächte, in denen man von den Bergen bis München und Salzburg sehen konnte, denn die Städte leuchteten hell und die Sterne kaum noch.

Ich kann mich nicht erinnern, dass früher jemand keine Zeit gehabt hätte. Zeit war kein Thema. Das Wort Termine trat erst sehr spät in mein Bewusstsein. Heute frage ich mich, wie es sein kann, dass es seit geschätzten drei Millionen Jahren, vielleicht sogar länger, Menschen gibt, aber die Themen Energie, Konsum, Umwelt erst Anfang des 20. Jahrhunderts ein Problem wurden. Wie es zur Entwicklung des Kapitalismus kommen konnte, von dem Lenin sagte, er sei fähig, uns den Strick zu verkaufen, mit dem wir die Kapitalisten aufhängen wollten. Wie es zum Turbokapitalismus kommen konnte, der uns auch noch den Strick verkauft, mit dem die Kapitalisten uns hängen werden.

Globale Industrie und Umweltzerstörung fingen an, mir den Schlaf zu rauben. Zwar beruhigte ich mich damit, dass es eine Alterserscheinung sein muss, denn auch in meiner Kindheit beklagten die Älteren die Entwicklung der Welt. Die hat sich aber auch wirklich enorm beschleunigt, alle sprechen vom Wachstum, als könne die Welt noch irgendwohin wachsen. Unkontrolliertes Wachstum ist Krebs, frisst die Substanz. Schon erstaunlich, dass all die klugen Männer, die all die klugen Dinge erfinden, das noch nicht begriffen haben. Wellness ist die Kompensation für die Unzufriedenheit, die das ständige Geldverdienen und nach Erfolg Strampeln mit sich bringen.

Die Welt wird jeden Tag von all den kleinen Leuten erschaffen, warum nicht auch von dir? Es könnte sich lohnen, aus dem wohlriechenden Wellnessbad zu steigen und selbst Hand anzulegen zum Gelingen des schöpferischen Werks.

FESTGEFAHREN

Stau auf allen Autobahnen: Ferienbeginn. Als ich ein Kind war, fuhren alle nach Jesolo, Cattolica, Caorle und Rimini. Heute ist der Fluchtort Nr. eins die Türkei, vor Mallorca, Teneriffa oder DomRep. Warum tun wir uns das an – im Stau stehen, eine stressige Anfahrt für einen Urlaub in der Sonne auf uns nehmen? Die Antwort: Wir sind eigentlich Nomaden. Die Bewegung von einem Futterplatz, von einem Wasserloch zum nächsten, aus der rauen Kälte in die Wärme ist in unseren Genen. Wir brauchen Bewegung.

Die Sesshaftigkeit hat uns eigentlich nur Probleme gebracht. Das natürliche Gleichgewicht zwischen Menschen und Weidegründen wurde zerstört, Besitz erfordert Schutz und Menschen, die den Besitz überwachen, nutzen und erben. Mit der Sesshaftigkeit begann der Prozess, der in der Überbevölkerung enden wird. Überalterung konnte nur in einer sesshaften Kultur entstehen, in nomadischen Kulturen blieb, wer sich nicht mehr bewegen konnte, zurück, was zum natürlichen Ende des Lebens führte.

Wer einmal in einem Altenheim eine ehemals lebendige Person besucht hat, kennt das Phänomen: Da hängt ein in sich gesunkener, frierender, bewegungsloser Mensch in der Warteschleife zum Grab. Der Zustand der Altenheime hat mich auf die Idee gebracht, wo der Hund begraben liegt: Das Ende des Nomadentums hat den Menschen und der Erde mehr geschadet als jede andere Entwicklung.

In der neuen Frauenbewegung haben wir uns gefragt: Wie verschwanden die Matriarchate? Wir dachten, das

Ende des Mutterrechts war der Beginn der Zerstörung. Möglicherweise hängt das Ende des Mutterrechts mit dem Beginn der Sesshaftigkeit zusammen. Wer sich entschlossen hat, etwas für sich, für die eigene Familie zu beanspruchen und andere auszuschließen, muss kämpfen. Wer nicht in Bewegung ist, braucht mehr Wärme, wer nicht dahin wandert, wo es Nahrung gibt, muss Nahrung speichern. Wer ein Revier abgesteckt hat, muss es verteidigen. Wenn Besitz zu einem gesellschaftlichen Wert wird, muss der Mensch, der nichts besitzt, wertlos sein. Wer nicht mehr die Anregung der vielfältigen Landschaften hat, braucht den Kick. Die Generation Event von heute steht am Ende einer Entwicklung in die Unbeweglichkeit. Wir sind festgefahren.

In der Bewegung bleibt der Körper warm und lebendig. Doch wenn man an einem Ort verharrt, ist Bewegung eigentlich nicht vorgesehen. Da wir uns nicht viel bewegen, wird der Körper träge, und es kostet Überwindung, die für den Organismus notwendige Bewegung auszuführen. OrthopädInnen sind sich einig: Der Körper ist ein Bewegungsapparat, der in Schwung gehalten werden muss, weil sonst die Gelenke erstarren, die Menschen krank werden. Doch die Erziehung mitteleuropäischer und amerikanischer Kinder stützt sich vor allem auf Ruhe und Unbeweglichkeit: Kinder sollen still halten, still sitzen, still sein. Nicht auffallen, keinen Lärm machen, nicht herumtoben. Bewegung soll gezielt und kontrolliert stattfinden, eine Stunde Sport in der Woche, Hofgang nach der Zwangsunterbringung in der Schule. Der Bewegungsdrang ist noch da, die Lust am Weiterziehen auch – später… Am Wochenende, im Urlaub. Den Körper durch Bewegung aufwärmen – das wäre das ökologische Konzept für die Zukunft. Anstatt fossile Brennstoffe in die Luft zu jagen, in geschlossenen Räumen zu hocken und mollige Wärme hochzuheizen, könnten wir uns bewegen und würden nicht so frieren.

Mit der Sesshaftigkeit kam das Bedürfnis nach Besitz. Wer herumsitzt, braucht Besitz, wird besessen. Besitz erzeugt Ungleichheit, wer mehr besitzt, hat offensichtlich mehr an sich gerissen, denn wir werden ohne Besitz geboren. Wer weniger besitzt, wird so zum Feind. Konflikte und Kriege sind vorprogrammiert. Wie sehr die sesshaften Menschen die umherziehenden Nomaden fürchten und hassen, lässt sich an der Ausrottung nomadischer Völker, der Ausgrenzung und Diskriminierung der Fahrenden überall auf der Welt ablesen. Ob Roma und Sinti, Tuareg und Beduinen, amerikanische First Nations oder australische Aborigines – sie stören, also werden sie am Wandern, am „Überschreiten der Grenzen" gehindert, entmachtet, entrechtet, kaputt gemacht, getötet.

In den Nomadenkulturen der Frühzeit entstand das Problem der totalen Ausbeutung der Natur gar nicht. Die Menschen grasten ab, was da war, und zogen weiter, um neue fruchtbare Gebiete zu finden. Da sie die Früchte aßen, die sie vorfanden, und kein Getreide anbauten, hatten sie kaum Karies und andere Zahnprobleme, denn auch dieses Phänomen entsteht mit der Sesshaftigkeit, mit dem übermäßigen Genuss von Getreide. Die Klebstoffe in gemahlenen Körnern können schön in Kindergärten studiert werden, wo die Kleinen aus Pappmaché allerlei Dinge fertigen, die nur deshalb ewig zusammenhalten, weil die Klebkraft von Mehl und Wasser so stark ist. Neue

Möglichkeiten der Analyse von Speiseresten und Körpersubstanzen brachten dieses Ergebnis bei der Untersuchung der ältesten Siedlungen der Welt in Anatolien hervor.

Die Orte, die nomadische Gruppen verließen, regenerierten sich. Die Gemeinschaften wurden nie sehr groß, denn das wäre für ein nomadisches Leben zu kompliziert geworden. Das Problem lag eher darin, dass eine Gemeinschaft nicht zu klein wurde. Die Frauen der umherziehenden Völker hatten das offenbar gut im Griff.

Über Jahrmillionen regelten sich Bevölkerungszahl und Ressourcen ganz natürlich. Die Menschen lebten nicht aus spiritueller Exaltiertheit im Einklang mit der Natur, sondern weil sie die Vorgänge in der Natur genau beobachteten, auf die Natur angewiesen waren, nicht nur von ihr lebten, sondern sie achteten. Sie hatten auch nicht die Sicherheit eines Hauses, das sie vor den Elementen, vor Stürmen und Wetterstürzen schützen konnte. Doch wenn wir nach Gmunden in Österreich schauen, stellt sich auch das feste Haus als Illusion heraus. Dort beginnen die Häuser zu wandern, weil der Untergrund wandert, der Berg abrutscht. Auch die Häuser, die in der letzten Flut in Europa, Amerika oder Bangladesh weggespült, mit Schlamm, Gift und Kloake angefüllt wurden, sind nicht wirklich die gemütlichen Rückzugsorte, die wir uns vorgestellt haben.

Besitz als Status kann in der Zeit der großen Wanderungen kein wesentliches Thema gewesen sein. Wer hätte sich mit etwas belastet, das groß, schwer und kompliziert zu transportieren ist! Deshalb sind aus der Urzeit hauptsächlich kleine Dinge überliefert, Amulette, Werkzeug, Gefäße, was nicht bedeutet, dass es in dieser Zeit keine Kunst, keine Spiritualität, dass es im Überlebenskampf der Nomaden keinen Sinn für Schönheit gegeben hätte. Mit großer Arroganz wunderte sich ein Archäologe, dass diese „primitiven" Menschen zu den Felsmalereien von Altamira, dem Elfenbeinmammut oder der Löwenköpfigen von der schwäbischen Alb fähig gewesen waren!

Die Graffiti-KünstlerInnen von heute erinnern uns an die Kunst der nomadischen Menschen. Ich war hier. Ich habe eine Spur hinterlassen und bin weitergezogen. Viele Wanderbewegungen der frühen Menschen lassen sich an der Verbreitung von Schmuckperlen ablesen. Bernstein aus der Ostsee wanderte nach Afghanistan und Westafrika, Koralle aus Afrika findet sich in Tibet, Türkis aus Pakistan und Tibet wird in Amerika zu Ritualschmuck verarbeitet, lange bevor Amerika, Tibet oder Pakistan offiziell entdeckt wurden.

Als ich im Senegal erlebte, wie eine Familie, die durch eine deutsche Schwiegertochter zu etwas Geld gekommen war, einen großen Kühlschrank kaufte, fing ich an, das Problem des Besitzes zu verstehen. Besitz belastet, wird zur Besessenheit und irgendwann zum Entsorgungsproblem. Das ganze Dorf stand beieinander, als der riesige Kühlschrank auf einem Mauleselkarren daherkam. Das ganze Dorf half mit, das Ungetüm in die kleine Hütte zu stemmen, die damit fast ausgefüllt war. Die BewohnerInnen quetschten sich andächtig um den Kühlschrank herum, für den es keine Energie gab. Es gab zwar Strom, aber die Spannung war zu niedrig. Nachdem zweimal die Lichter ausgegangen waren, wurde der Kühlschrank abgeschaltet. Er stand in der Hütte und leuchtete weiß und nutzlos, bis er endlich erdbraun war und als Schrank dienen durfte. Die Entsorgung von Kühlschränken ist wegen der giftigen Kühlflüssigkeit und anderer Details seiner Eingeweide nicht unproblematisch. So kam mit dem Kühlschrank eine Zeitbombe in die Familie.

Als ich noch in den achtziger Jahren im Haus einer Freundin in der Toskana den einheimischen Gärtner fragte, wohin ich den Müll bringen sollte, antwortete der: Nella frana! In die Schlucht. Das war ein wildes Gebiet, das heute unter Naturschutz steht. Das Hauptproblem der Sesshaftigkeit ist der Müll. Der Müll ist in Zeiten der Globalisierung oft genug Giftmüll. Dass reiche Länder ihren Giftmüll in arme Länder kippen, zeigt, wie weit es mit der „Zivilisation" wirklich her ist.

Nomadische Völker trugen ihren Besitz bei sich. Mehr als sie tragen konnten, besaßen sie nicht. So konnte es nicht zu einer sinnlosen Anhäufung von Dingen kommen. Noch heute tragen viele Frauen in Westafrika ihren ganzen Besitz bei sich. Gold, Bernstein, Korallen schmücken Hals, Kopf und Körper. Schönheit war und ist Teil des täglichen Lebens in nomadischen Gemeinschaften.

Das steht in krassem Gegensatz zur Besitzgier in der sesshaften Gesellschaft, die Gold, Bernstein und Korallen lieber einschließt, versichert und mit Alarmanlagen bewacht. Das alles kostet Energie.

Die meisten Menschen in zivilisierten Ländern halten die sogenannten Dritte-Welt-Länder für das Problem, wenn es um Ressourcen geht, denn diese Länder „leiden an Überbevölkerung". Wahr ist, dass die Geburtenbegrenzung in China und die Bevorzugung männlicher Nachkommen in China und Indien der Welt ein Problem der männlichen Überbevölkerung beschert hat. Was sollen alle diese Männer tun? Wo sollen sie leben? Zudem sind Männer fast überall Fleischesser, und wie wir aus vielen Studien wissen, schadet Fleisch essen dem Klima am meisten, sind doch Rindviecher weltweit für fast 20 Prozent der CO_2-Belastung verantwortlich. In Ländern, in denen der älteste Sohn den Familienbesitz übernimmt, sind die jüngeren Söhne ihrem Schicksal überlassen. Das ist einer der Hauptmotoren der Kriege im Nahen Osten, in Asien und Afrika.

Während alle über die wachsende Bevölkerung in Asien und Afrika klagen, wird ein anderer Aspekt der Überbevölkerung ganz übersehen: Die zivilisierten Länder haben die Lebenserwartung erheblich verlängert, was fürs Klima vielleicht viel gravierender ist. Alte Menschen frieren leichter, sie brauchen mehr Energie. Sie bewegen sich in Fahrzeugen, weil sie körperlich nicht mehr so fit sind. Die meisten sitzen den ganzen Tag vor dem Fernseher. Junge Menschen, die sich Sorgen ums Klima, um die Erde und die Menschen machen, könnten also ganz entspannt aufhören, zum Arzt zu gehen und sich übermäßig auf ein hohes Alter vorzubereiten – für Klima, Erde und Nachkommen wäre es günstiger, wenn sie früher umfallen. Problem gelöst? Nein, denn schon taucht ein neues auf: Vielleicht geht es gar nicht um die alten Menschen und die Energie, die sie brauchen. Der größte Teil der Treibhausgase wird immer noch von der Industrie produziert, bei der Herstellung sinnloser Dinge, die irgendwann im Müll landen und ein Entsorgungsproblem darstellen. Diese sinnlosen Dinge, massenhaft produziert, werden hauptsächlich von einer anderen Bevölkerungsgruppe gekauft und weggeworfen: den Jungen.

Die Gier nach dem Kick, nach Unterhaltung, Event, immer neuen Sensationen, Abenteuer und Gefahr, nach schnellen Fahrzeugen, Revierkampf und Wettbewerb, Statussymbolen und Angeberei ist der Motor, mit dem weltweit Industrien ihre sinnlosen Produkte herstellen, den Markt und die Welt überfluten, die Umwelt belasten, die Menschen vergiften, körperlich und seelisch.

Das ist das eigentliche Problem der Sesshaftigkeit: Langeweile. Frustration. Abwechslung muss her. Junge Männer übertreffen sich in der Ausweitung ihres Fuhrparks, ihrer Unterhaltungselektronik, junge Frauen beschmieren sich mit Giftstoffen aller Art, während Männer immerhin in weiten Hosen und bequemen Schuhen durch die Welt gehen, dürfen Frauen, die „weiblich" sein und einen gewissen Fortpflanzungsimpuls aussenden wollen, keinesfalls bequem oder warm gekleidet sein.

Das Konsumverhalten der sesshaften Gesellschaft lässt sich nur mit dem Wort „wahnsinnig" einigermaßen treffend umreißen. Nehmen wir das vor Jahren von Japan auf den Weltmarkt geworfene Tamagotchi. Ein elektronisches Tierimitat, das gefüttert und gestreichelt werden musste. Wenn die tägliche „Pflege" ausblieb, „starb" es. Millionen weinten um ihre Tamagotchis, kaum ein Kind nimmt wahr, wenn das vernachlässigte Meerschweinchen eingeht.

Eine Art Automatik scheint Kindern Wünsche einzuhauchen – natürlich wissen wir, dass die Werbung und entsprechende Kultzeitschriften daran nicht unschuldig sind. Die Leere turbokapitalistischer Lebensformen wird mit Produkten gefüllt. An Weihnachten fallen Kinder über Geschenkpakete her, liebevoll gestaltete Weihnachtskarten und dezent versteckte Geldscheine fallen unter den Verpackungsmüll. Wenn alle Geschenke ausgepackt sind, die Erregung verklungen ist, bleibt ein Gefühl erschöpfter

Leere. Was einmal als spirituelles Fest gedacht war, hat sich zur größten familiären Stressbelastung entwickelt. An Weihnachten gibt es nun schon traditionell die heftigsten Auseinandersetzungen, und für die Müllabfuhr ist der erste Werktag danach der intensivste Arbeitstag im Jahr.

Wundersam dagegen ist eine Verbindung, die so archaisch wie intensiv ist, die Liebe von Mädchen zu Pferden. Niemand muss einem Mädchen einreden, dass es reiten lernen soll. Wenn diese Verbindung aktiviert wird, ist sie ein Selbstläufer. Ich kenne Mädchen, die morgens vor der Schule zum Gestüt laufen oder mit dem Fahrrad fahren, um ihr Pferd zu pflegen und zu bewegen. Mädchen, von denen es heißt, sie seien zimperlich, affektiert, blühen in der Freundschaft mit Pferden auf. Die Beziehung ist zärtlich, intensiv, leidenschaftlich. Vielleicht wird da eine alte Verbindung wach, die vielleicht mit den Amazonen begann. Als die Skythen in Griechenland und Anatolien einfielen, lernten die Amazonen Pferde kennen. Vielleicht stahlen sie sie, vielleicht kauften sie sie – jedenfalls gibt es seit etwa dreitausend Jahren in dieser Region Darstellungen von Frauen mit Pferden. Und wie Diana oder Artemis nicht einfach Jagdgöttinnen sind, sondern die Hüterinnen und Beschützerinnen ihrer Tiere, so waren die Amazonen nicht einfach Kriegerinnen, die Pferde wie Kampfmaschinen benutzten.

Wer sich fortbewegt, ist auf Freundschaften angewiesen. In der Sesshaftigkeit zerbrechen Freundschaften nicht selten am Tratsch, am Misstrauen, vielleicht auch am Mangel an wirklichen Problemen. An der Paranoia. Wer sein Eigentum schützen muss, sieht schnell einmal in allen anderen Menschen Diebe.

DER TAG, AN DEM MEIN AUTO FORTGING

An einem Frühlingstag vor Jahren bemerkte ich, dass die Liebe zu meinem alten Benz schal geworden war. Unsere gemeinsame Fahrleidenschaft war nicht mehr so heftig wie vordem, er stotterte und produzierte eine Fehlzündung nach der anderen, ich fand all die Eigenschaften, die ich an ihm einmal so geliebt hatte, mehr und mehr unerträglich: groß, geräumig, viele PS, schnell. Für Mercedes, Aszendent Benz, Geburtsjahr 1982, standen die Sterne einfach nicht mehr günstig.

Die Ozonbelastung und der CO_2-Ausstoß wuchsen ins Obszöne, ganz zu schweigen von der Feinstaubproduktion, die damals noch nicht erfasst wurde. Er brauchte enorme Mengen Brennstoff, um fit zu sein, und die Parkplätze für solche Schlitten ließen sich an einer Hand abzählen. Ich bekam Rückenschmerzen, wenn ich in den weichen Sitz sank, da half auch der Holzperlenüberwurf für Fakire nichts. Mein Gasfuß – man beachte die Unterordnung des Körpers unter die Technologie – schmerzte schon, wenn ich das Gas nur antippte, irgendwie wollte sich der Ischiasnerv mit diesem Pedal nicht mehr befreunden. Die Schultern klammerten sich nach einigen Stunden Autofahrt an die Schlüsselbeine. Manchmal stieg ich aus der Karre und wäre am liebsten auf allen Vieren fortgekrochen. Ich entwickelte sogar Verständnis für eine alte Dame, die schamlos zugab, auf Reisen im Auto auf den Topf zu gehen, weil ihr das Ein- und Aussteigen soviel Mühe machte. Es wurde Zeit, an einen Abschied mit Würde zu denken, das Wohl der Erde an die erste Stelle zu rücken und damit auch meine körperliche Geschmeidigkeit wieder zu erhöhen.

Wenn wir uns jemals trennen sollten, hatte ich meinem Benz versprochen, kommst du auf den schönsten Schrottplatz der Welt, mit Blick auf die bayerischen Alpen. Gesagt, getan. Aber nun stand ich plötzlich dem Fortschritt im Weg, im wahrsten Sinn des Wortes. Meine Freunde waren keine große Hilfe. „Bist du total verrückt? Was soll denn das bringen, wenn du allein auf das Auto verzichtest? Willst du dich für die hehre Bewegung der Ökologie opfern?“ Das waren noch die freundlichsten Nachfragen. Etwas aggressiver kamen Ausflüchte daher wie: „Ich brauche mein Auto! Wie soll ich aus meinem Kaff ohne Auto wegkommen? Das Auto gibt mir die totale Freiheit, Mobilität, meine eigene Musik.“

Ein Porschefahrer, der mich einmal, als ich den Bus verpasst hatte – Busfahrer scheinen besonders gern loszufahren, wenn man ein paarmal gegen die geschlossene Tür gehämmert hat –, zu meiner größten Verwunderung mitgenommen hatte, setzte mich wieder an die Luft, als ich zugab, mein Auto aus ökologischen Gründen aufgegeben zu haben. Vergebens stotterte ich, dass ich von niemandem verlange, das Auto aufzugeben, dass ich halt meins aufgegeben habe, weil ichs nicht wirklich brauche und eigentlich immer besser ohne auskomme. Dass wir ohne Luft nicht leben können, diese aber immer mehr verpesten in einer Art Kollektivhypnose, einem gemeinsamen großen Selbstmordversuch. Dass Haut- und Atemwegserkrankungen zunehmen und viele Säuglinge bereits damit geboren werden.

Einmal fuhr ich mit Freunden über eine Autobahnbrücke, unter uns der winterliche, allwöchentliche Skifahrerstau. Ein heftiger Wortwechsel machte mir plötzlich klar: Das Auto ist die heilige Kuh. Die ultimative Religion. Pfeile auf Richtungsschildern zeigen in den Himmel. Die alten Kultfarben blau, weiß, rot schmücken Tankstellen. Mythische Tiere und Symbole wie Muscheln, Drachen und Göttinnengesichter locken die Tankwilligen. Blutopfer werden in rauen Mengen dargebracht, begleitet von weißen Priestern und roten Kreuzen. Und dass die Ölkonzerne die Saatgutkontrolle übernommen haben, passt irgendwie auch ins mythische Bild.

Ich wurde hellhörig bei Formulierungen wie: Haschisch ist eine Einstiegsdroge, und es gibt jedes Jahr mehr Drogentote. In meinem Kopf wurde das zu: Mofas sind die Einstiegsdroge, und ab Volljährigkeit gibt es das Auto und noch mehr Verkehrstote und Verletzte.

Mit den Verkehrstoten ist das so eine Sache. Man kann nicht zu viele Alkoholkontrollen machen, das verärgert die alkoholproduzierende Industrie und bringt Steuereinbußen, die sich kein Staat leisten kann. Die Autoindustrie schafft Arbeitsplätze, tatsächlich. Unzählige Zulieferfirmen leben auch davon. Dass es im öffentlichen Verkehr kaum neue Arbeitsplätze geben wird, versteht, wer ständig auf diesen angewiesen ist. Es gibt kaum noch Schalter, wo jemand ohne Kleingeld Fahrscheine kaufen kann und vielleicht die eine oder andere Auskunft bekommt. Die Schlangen an den Fahrkartenschaltern der Bahn treiben einem die Schweißperlen auf die Stirn, und die einzige Belohnung ist schließlich, dass man in der Bahn lesen, träumen und neue Projekte entwerfen kann, während die

Autofahrer im Stoßverkehr so mobil sind, dass es kaum zu glauben ist, vor sich hinfluchen, mit obszönen Gesten und Beschimpfungen ihren Mitreisenden viel Freude bereiten und manchmal sogar ihr Auto als Waffe einsetzen, um den Fußgängern korrektes Überqueren der Fahrbahn bei Grün beizubringen.

Besonders delikat ist das Verhältnis zwischen Autofahrern und Radfahrern. Letztere schlängeln sich zwischen stehenden Automobilen durch, fahren gegen die Einbahnstraße, gegen den fließenden Verkehr, auf Gehsteigen, über Fußgängerbrücken, die der Autofahrer nur sehnsüchtig anstarren kann. Um die autofahrende Bevölkerung nicht völlig zu frustrieren, kam die Verkehrspolizei in deutschen Städten auf die Idee, sich die Radfahrer vorzunehmen und ein bisschen zu schikanieren. Vergeblich machen die geltend, dass sie weder stinken noch die Ozonschicht zerstören, dass sie selbst auf sich aufpassen können und für begangene Verkehrsfrevel einstehen. Bußgelder werden in astronomische Höhen geschraubt – das freut den motorisierten Verkehrsteilnehmer.

Der Tag, an dem ich mit Hilfe des Schrottplatzbesitzers meinen alten Benz zur letzten Ruhe schob, hatte auf die Entwicklung der Luftverpestung und die Fahrgewohnheiten meiner Umgebung keinen Einfluss. Ich wurde kurz darauf von einem Auto angefahren und schwer verletzt, und die Zahl der angemeldeten Fahrzeuge steigt jährlich. Viermal war ich als Radfahrerin ohne Schuld in einen Unfall verwickelt, einmal bog ein Taxifahrer ab, ohne mich zu beachten, und ich landete auf allen Vieren auf einem Autodach. Leicht ist es nicht, allein gegen die Autoindustrie anzutreten. Aber ich habe die Langsamkeit wiederentdeckt, die Heiterkeit beim Anblick ausflippender Stop-and-Go-Opfer. Niemand fragt mich, ob ich schnell etwas bringen, hier jemand abholen, dort vorbeifahren, jemanden mitnehmen kann. Ich kann, aber alles dauert jetzt so lange wie in der Realzeit: gehen, auf Anschlüsse warten, umsteigen oder in die Pedale treten. Das entmutigt andere. Das befreit mich.

Und es hindert mich nicht, gelegentlich einen Leihwagen zu nehmen, mit voll aufgedrehter Musik in der Stereoanlage, vielleicht von Tom Waits, über die Autobahn zu rasen und mich in Autowerkstätten herumzutreiben. Man muss das nicht so eng sehen!

DER SIEGESZUG DER EIERKARTONS

Als ein Redakteur von „Verbrauchern“ sprach statt von Lesern, fiel ich in eine Schreibkrise. Ohnehin hatte ich das Gefühl, dass nur noch geschrieben und gedruckt werden darf, was den Anzeigenkunden recht ist. Die Themen, die mir am Herzen lagen, fielen unter den Tisch, und wenn darüber geschrieben wurde, dann garantiert so, dass die Männerspielsachen gut wegkamen. Intellektuelles Gelaber um den heißen Brei herum. Starschreiber profilieren sich mit sensationellen Enthüllungen, dabei ist alles enthüllt, alles sichtbar, nur benannt werden darf es nicht. Klimaschutz ja, aber nicht auf Kosten der „Konjunktur“. Es muss Produkte geben. Es muss VerbraucherInnen geben. Wir brauchen „Wachstum“ (ist schon mal jemandem aufgefallen, wie nahe das am Krebswachstum ist?), sonst gibt es keine „Arbeitsplätze“. Beim Wort Arbeitsplätze ist es mit der Aufmüpfigkeit sowieso vorbei. Verbraucher konsumieren, um die Arbeitsplätze nicht zu gefährden.

Verbraucher sind der Endpunkt einer Kette von Bemühungen, ein Produkt loszuwerden. Dieser Endpunkt, irgendwie entmenschlicht, sitzt vor dem Fernseher, vor dem Computer („click here to get a free e-mail adress“, „click here for a room under 99 $ in New York“), gelegentlich kauft er auch eine Zeitschrift. Von Lesen würde ich nicht sprechen, denn die Absicht der Hersteller, die sich lieber auf der rechten als auf der linken Seite eines Printmediums, wie das jetzt heißt, präsentiert sehen, ist nicht, dass jemand intensiv liest, sondern eher, dass ein Verbraucher die virtuos oder weniger virtuos erdachten Anzeigen studiert und dann ein Produkt kauft.

„Jedem das Seine", meint Nokia flott und unterschlägt, dass in Buchenwald damit Menschen verhöhnt wurden, ehe man sie umbrachte. „Arbeit macht frei" steht über der Küstenstraße, auf dem Weg in die Volksrepublik Benin. Denke ich mir da zuviel, oder denken sich andere zuwenig? Keine Ahnung. Jedenfalls studierte ich anlässlich meiner fundamentalen Schaffenskrise die Stellenanzeigen in der ZEIT – was ist los auf dem „Arbeitsmarkt"?

Da gibt es eine Firma, die „Querdenker" sucht. Fast schon mechanisch und mit müdem Lächeln registriere ich, dass das Denken immer noch den Männern zugesprochen wird. Aber Querdenker! Am unheilvollsten hat sich das Denken wohl bei jenen ausgewirkt, die wissen, dass es so etwas gibt, und aufgrund ihrer Stellung so tun müssen, als wüssten sie, was das ist. Deshalb haben sie den Begriff „querdenken" erfunden, nicht ahnend, dass Denken sich ohnehin allem in den Weg stellt.

Querdenker also denken was? Wie man Energie spart? Wie man sinnlose Produkte dennoch los wird? Wie man gleichzeitig an der Erde Raubbau betreiben und so tun kann, als rette man sie?

Beim Stammtisch diskutieren wir die Möglichkeiten, zu Geld zu kommen, ohne uns total zu verkaufen. Gabi ist Schauspielerin, Barbara Fotografin, Ann Bühnenbildnerin, und ich bin Schreiberin. Eigentlich eine erfolgreiche, aber seit meiner Zeitschriftenartikelschreibkrise weiss ich, dass sich das ändern kann. „Wir könnten als Hausmeisterehepaar gehen", schlage ich Gabi vor, aber das würde sie nur im äußersten Notfall tun, obwohl es die

Rolle ihres Lebens wäre, als mein handwerklich versierter Gatte aufzutreten.

Da nähert sich auf leisen Sohlen das Wort „Handlungsbedarf", das ungefähr so verkommen ist wie das Wort „Verbraucher" und auf meiner Liste meistgehasster Wörter steht, auf der es auch das Wort „Tarifreform" und die Floskel „Wenn Sie so wollen" gibt. Handlungsbedarf gibt es zum Beispiel, was das Klima angeht, seit Jahrzehnten, der wird aber kaum registriert oder nur dann, wenn ein entsprechendes Produkt den „Verbrauchern" unbedingt verpasst werden muss. Die Botschaft ist nicht: Verbraucht weniger, kauft weniger, macht nur soviel Dreck wie nötig und sowenig wie möglich, sondern: Kauft dieses geniale Produkt, das energiesparend, innovativ und ganz neu ist.

Meine Karriere als Schriftstellerin begann, da war ich sechs, konnte gerade schreiben und stellte Fanzines, kleine Untergrundmagazine, her, in denen „das ganze Jahr Ferien und Turnen eine Viertelstunde" propagiert wurde. Mein Einstieg in den „Markt" begann also bereits durchaus eigensinnig. Und natürlich kann ich tippen. In der Schule war ich im Maschinenschreibkurs die schnellste mit den wenigsten Fehlern, das kommt mir noch heute zugute. Aber davon werde ich wohl nicht leben können, denn ich habe eine unheilvolle Wirkung auf Computer: Sie streiken, sobald ich mich irgendwie emotionalisiere.

In der vorletzten Ausgabe der Zeitschrift SPEAK, die zwar auch nur mit einer Marlboro-Werbung auf der Rückseite überlebte, sonst aber erstaunlich intelligent argumentierte, schrieb der leitende Redakteur, dass ganze Magazinstapel originalverschweißt in der Schreddermühle vernichtet werden, sobald der Hersteller des Magazins die

Auflagenstärke und die Transportkosten seiner Hefte nachweisen kann, was irgendwie die einzige Existenzberechtigung für Printmedien zu sein scheint. Die Hefte erreichen nicht mal mehr den Kiosk, wo sie am Ende vielleicht auch verschreddert würden, aber wenigstens die Chance auf LeserInnen oder gar VerbraucherInnen hätten. Statt dessen werden sie zum Beispiel zu Eierkartons verarbeitet. Ich habe einen Eierkarton auf meinen Schreibtisch gestellt, als Warnung.

Ganz ehrlich, für den Arbeitsmarkt bin ich versaut. Ich bin einfach zu empfindlich. Eigentlich habe ich auch gar keine Lust, für jemanden zu arbeiten, ich habe immer noch die Vorstellung, dass es der Welt mehr bringt, wenn nicht soviel gearbeitet wird. Wer faul herumliegt, belastet die Erde am wenigsten. Ich bin allerdings sicher, dass dann auf jeden Fall die Furzsteuer kommt. Denn ehe die Industrie ran muss, wird noch der letzte Feinstaubhauch, der minimalste CO_2-Ausstoß des letzten Hartz IV-Empfängers gemessen und gewogen. Und bestraft.

LAUBBLÄSERBLUES

Da stapft er dahin, der Ritter, der angetreten ist, die Wildnis zu besiegen. Er trägt einen Overall und ist mit einem Kampfrucksack ausgerüstet. Er wirft den Motor an und hebt sein langes Rohr. Jetzt wird er es den Blättern am Boden zeigen. Stundenlang knattert der Motor, wandert der Mann auf und ab. Die Blätter, die unter dem Höllenlärm träge aufflattern und sich dann wieder hinlegen, hätte ich in fünf Minuten mit einem Besen zusammengekehrt.

Warum nehmen Sie nicht einen Besen? frage ich.

Ich bin doch kein Türke, sagt dieser schlichte Mensch.

Wissen Sie, dass in der Türkei die ältesten Siedlungen der Menschheit gefunden wurden? frage ich ihn. Er sieht mich nur leer an.

Eine Leuchte sind Sie auch nicht, sage ich, sonst würden Sie merken, dass diese Tätigkeit sinnlos ist, Energie verbraucht und zudem eine Lärmbelästigung darstellt.

Ich mach nur meinen Job, sagt er. Sein Job ist Hausmeister in einer Wohnanlage. Wenn ich etwas zu sagen hätte in diesem Land, würde ich Produktion, Verkauf und Benutzung von Laubbläsern verbieten.

In einem freien Land kann man nicht so einfach was verbieten, hält eine Freundin, die Rechtsanwältin ist, dagegen. Und mir ist natürlich auch klar, dass die Spielsachen der Männer hartnäckig den Verboten und Beschränkungen trotzen – von der Carrerabahn bis zum Autorennen, von Starfightern bis zum elektrischen Nasenhaarentferner.

Obwohl alle Welt von der drohenden Klimakatastrophe redet – es macht ja auch Spaß, sich die Szenarien auszumalen –, erhöht die Industrie den Ausstoß sinnloser Produkte, die mit Strom laufen, viel Energie verbrauchen und gern in Ramschläden und den Ein-Euro-Abteilungen von Kaufhäusern an die Ärmsten der Armen gebracht werden.

Anstatt die Armmuskeln etwas zu trainieren und Orangen und Zitronen selbst auszupressen, benutzen praktisch alle Leute, die ich kenne, elektrische Auspresser. Kaum jemand öffnet eine Büchse noch von Hand, da wird ein elektrischer Öffner angesetzt, brrr, fertig. Dabei kann man sich beim händischen Öffnen einer Büchse gut überlegen, wie ungesund Büchsennahrung ist. Während in meiner Kindheit Schlagsahne noch mit einem Handrührgerät, dem sogenannten Drahler geschlagen wurde, wird jetzt alles elektrisch gerührt, geschlagen, geknetet. Die verlorene Muskelkraft wird in Fitness-Studios wieder aufgebaut. Ich plädiere gar nicht dafür, alles mit der Hand und mit Muskelkraft zu machen, finde es aber sinnvoll, den Gebrauch von Energie aus fremden Quellen zu überprüfen und sich zu überlegen, wie man diese Energie selbst erzeugen könnte.

Weltweit geschieht das Gegenteil. Überall wo Körperkraft eingesetzt wird, tanzt die Industrie an, um diesen Menschen Geräte zu verkaufen, die sie nicht bezahlen können. Sie arbeiten in Produktionsjobs, die sie nicht ernähren, verschulden sich und verelenden. In China fuhren die Menschen jahrzehntelang Fahrrad, ohne Schaden zu nehmen. Sie hatten gute Luft, viel Bewegung und wenig Überflüssiges. Das werden wir ändern, sagten die Industriebosse und fingen an, Autos, Fernseher, Luxuswaren, technisches Spielzeug ins Land zu pumpen und schließlich auch dort herzustellen. Jetzt hat China „Anschluss an die Industrienationen“ gefunden, endlich gibt es auch dort Superreiche und ganz Arme, endlich fahren so viele Leute Auto, dass man die Luft nicht mehr atmen kann. Jetzt macht sich der „zivilisierte Westen“ Sorgen: Was passiert, wenn alle Chinesen Autos haben wollen? Wenn es in einer Familie drei, vier Autos gibt (wie bei uns!)? China ruiniert unser Klima, heißt es jetzt. Und auch Indien, auf dem Atlas der Energieverbraucher ganz weit unten, macht dem Westen Sorgen. Noch sind die meisten indischen Dörfer ohne Strom, kann sich kaum jemand ein Auto leisten. Was aber geschieht, wenn die Menschen wie in China auf den Geschmack der „Zivilisation“ kommen? Vom Volkswagen in Deutschland schwärmt die Welt, aber nun wurde auch für die Inder ein Billigauto – Kaufpreis unter 2000 Dollar – hergestellt. Um Himmels Willen, schreien die Zeitungen, was soll werden, wenn alle Inder Auto fahren?

Bisher sind es die Firmen aus den USA und Europa, die Indiens Umweltprobleme, Chemiekatastrophen, Brände, Gifte erzeugen. Bei den „Dritte-Welt“-Ländern sind wir schnell bei der Hand mit Schuldzuweisungen. Kaum jemand weiß, dass Deutschland im Verhältnis Bevölkerungsdichte zu Landgröße eine der größten Dreckschleudern auf der Erde ist. Die Millionen Menschen in China und die dichten Rauchwolken über Shanghais Industriegebieten fallen eben unangenehmer ins Auge als die scheinbar so sauberen deutschen Städte und Dörfer. Unser Dreck ist nicht so sichtbar wie zum Beispiel der in Neapel, der sich seit Monaten auftürmt, stinkt und die

Menschen vergiftet. Der Spruch „Neapel sehen und sterben“ bekommt endlich einen Sinn.

Wo der Dreck bei uns sichtbar wird, kümmert sich die Putzmittelarmee darum, damit auch noch das letzte saubere Gewässer verpestet wird. So lange wird Werbung für Autos durch die Medien gepeitscht, bis auch die letzte unberührte Landschaft asphaltiert und mit einer Raststätte versehen ist. Autos werden in Werbespots gern in grüne Landschaften gestellt, da soll die schöne Natur mit der Eleganz der Technik verbunden werden. Kinder werben für Zweitwagen, indem sie die Erwachsenen nachahmen.

Bei uns ist scheinbar alles in Ordnung. CO_2 ist irgendwie unauffällig. Feinstaub sieht man nur, wenn man die Wohnung putzt. In der Regel tun das Frauen, weil das niedrige Arbeit ist, die höhere Wesen nicht tun. Das Feinstaubproblem kann man tatsächlich von einem Tag auf den anderen beobachten. Einen Tag ist alles sauber und staubfrei. Schon am nächsten Abend fängt das Staubtuch eine neue dunkle Spur ein. Auf den Möbeln ist das kein Problem. In der Lunge schon.

Der Autoverkehr ist immer noch wesentlich billiger als der öffentliche, wenn man spontan irgendwohin fahren will. Die Bahn drängt an die Börse, anstatt ihre Pflicht als Volkstransportmittel wahrzunehmen. Wenn der öffentliche Verkehr gut organisiert, billig und mühelos wäre, käme kein Mensch auf die Idee, mit dem Auto zur Arbeit, zur Schule, in den Urlaub zu fahren. Zwar können Männer gut vorrechnen, wie wirtschaftlich so ein Auto ist – was sie seltsamerweise nicht so flott ausrechnen können, ist der volkswirtschaftliche Schaden, den Autofahren anrichtet.

Stellen wir uns außer den Folgekosten der Umweltvergiftung auch die Arbeitskraft dieser Autofahrer vor, den Verschleiß durch den ständigen Stoßverkehr, die Rücken- und Herz-Kreislauf-Krankheiten, die durch Stress und körperliche Unbeweglichkeit entstehen und in Deutschland Volkskrankheiten sind, halten wir uns vor Augen, dass jeweils ein Mensch ein Auto bewegt und meistens nur ein Mensch pro Auto vorwärtskommt, ist das private Autofahren volkswirtschaftlich gar nicht mehr zu vertreten.

Beim Rauchen ist der Regierung ja endlich ein Licht aufgegangen: Der Schaden an der Gesundheit und die Folgekosten durch Beseitigung der giftigen Kippen, die Heilkosten für nikotininduzierte Krankheiten sind der Gemeinschaft nicht mehr zuzumuten. Das gleiche gilt natürlich für den Autoverkehr.

Zuerst kommt der BMW, dann die Frau, dann die Kinder, sagte ein Vater im Beisein seiner Kinder. Ich war auch dabei. Vielleicht ein krasser Einzelfall, doch die Pflege der Autos und die Vernachlässigung von Kindern sprechen eine deutliche Sprache. Das Zauberwort, das eine Verminderung des Verkehrs verhindert, heißt Arbeitsplätze. Andererseits könnte das Geld, das beim Straßenbau, bei der Heilung von Krankheiten, bei der Kontrolle der Autofahrer eingespart wird, in eine Existenzsicherung für alle BürgerInnen, in das Hüten und Pflegen von Kindern gesteckt werden. Doch in einer Industrienation ist die heilige Kuh die Industrie. Fortschritt ist das Wichtigste. Wir wollen ja nicht zurückbleiben – während die anderen wohin fortschreiten? Deshalb wird weiterhin über den Klimawandel geklagt, und die Laubbläser ziehen los, um ihr sinnloses Werk zu vollenden.

STUBAI ODER DUBAI?

Da brauchen Sie jetzt dann einen Filter, sagt der Kaminkehrer. Den Ofen müssen Sie umrüsten. Sie wissen schon, wegen dem Feinstaub.

Ich bin sprachlos. Das Öfchen, das nicht einmal so groß ist wie ein Nachtschränkchen und mit Holzbriketts läuft, also CO_2-neutral, soll einen Umbau brauchen?

Wissen Sie was, sage ich. Solange die Amerikaner und die Engländer im Irak Menschen wie die Fliegen umbringen, Palästinenser und Israeli aufeinander schießen, solange Selbstmordattentäter Autos und Busse sprengen, kann ich mir kaum vorstellen, dass mein kleiner nordischer Holzofen ein echtes Problem fürs Klima darstellt.

Er kratzt sich am Kopf. Es ist aber Vorschrift, sagt er. Immerhin – Sie haben bis 2012 Zeit...

Was wird alles geschehen, bis mein Feinstaubfilter eingebaut wird? Ich will im Internet recherchieren, wieviel CO_2 ein Krieg so produziert: keine Ergebnisse. Entweder interessiert das außer mir niemanden oder es wird geheimgehalten. Ich kann mir auch vorstellen, warum. Da hätte ich dann auch noch einen Verbesserungsvorschlag: Wer Kriegstechnologie herstellt, muss künftig den dabei entstehenden und den in Zukunft durch Kampfhandlungen entstehenden CO_2-Ausstoß durch Investition in CO_2-verringernde Projekte ausgleichen und für Reparatur und Wiedergutmachung im Kriegsgebiet sorgen.

Im Stubai werden jeden Winter durch Schneekanonen unglaubliche Mengen Energie verschleudert, nur weil die

Skifahrer einfach nicht glauben wollen, dass die Zeit der verschneiten Winter vorbei ist. Sie scharren über die Gitter an den Liften zu den Gondeln, lassen sich hinauftragen, kratzen auf vereisten, beschneiten Kunstpisten herunter und fahren wieder hinauf. Wie lustig ist das? Wie gut ist das für den Boden, der abrutscht und oft genug jetzt schon Häuser und Dörfer unter sich begräbt?

München wird sich für die olympischen Spiele bewerben, um Erfolg zu haben, werden unvorstellbare Summen nötig sein, die Stadt aufzurüsten, Pisten und Bahnen, Eisflächen und Loipen zu bauen, zu beschneien und vermutlich auch zu befrieren, denn 2012 werden ja in Bayern vielleicht schon Palmen wachsen. Straßen und Parkplätze müssen gebaut werden, Umfahrungen, neue Autobahnen zu den Austragungsorten.

Der Klimawandel mit seinen unberechenbaren Temperaturen hindert die Verantwortlichen nicht daran, mit großer Begeisterung und noch größerem Optimismus Geld in eine verlorene Sache zu pumpen, so dass für wirklich wichtige Einrichtungen nichts mehr da ist. Der Transrapid, diese Wahnvorstellung des verflossenen Ministerpräsidenten Stoiber, soll die Menschen noch schneller zum Flughafen bringen, an dem sie dann noch länger auf ihre verspäteten Flüge warten können, die angesichts der Verknappung der Ölvorräte und ihres enormen CO_2-Ausstoßes immer weniger akzeptabel sind.

Noch absurder ist die überdachte Piste mit Sessellift in Dubai. Mitten in der heißesten Wüste steht da ein gigantisches Gebäude, das täglich den Energieverbrauch einer Kleinstadt an eine Kunstschneepiste verschwendet. Die Menschen lassen sich warm eingepackt im Lift auf den künstlichen Hügel tragen und wedeln dann im Kunstschnee wieder runter. Im Senegal, in Ghana, Nigeria, Südafrika, vermutlich auch sonst überall in Afrika werden Golfplätze mit kostbarem Trinkwasser besprüht, damit der Rasen schön gleichmäßig wächst, weil die internationale Golfschickeria nicht nach England fahren kann, wo der Rasen ganz automatisch so gleichmäßig und grün ist. Und das auf einem Kontinent, wo das größte Problem ist, dass Kinder keinen Zugang zu sauberem Trinkwasser haben.

Dass es Menschen gibt, denen alles egal ist, weil sie genug Geld haben, um dahin auszuweichen, wo sie die Härten des Klimawandels nicht so stark spüren, wissen wir. Dass ausgerechnet die Politiker, die den Umwelt- und Klimaschutz auf ihre Fahne geschrieben haben, wie aufgescheuchte Hühner umherfliegen, von einer Konferenz zur anderen hetzen und sinnlose Arbeitspapiere verfertigen, ist nicht wirklich vermittelbar. Kürzlich also flogen alle nach Bali, ist ja auch schön da. Es macht halt mehr Spaß, abends mit einem Drink aufs Chinesische Meer zu schauen, als sich in einem faden Bürohochhaus am Klima festzubeißen. Auf Bali wurden Jahre nach Kyoto die Beschlüsse von damals wiedergekäut, weil ein paar Nationen partout nicht einsehen wollen, dass das Meer ihr Land wegspülen wird, wenn nicht langsam was geschieht.

Wirtschaftswachstum – das Wort ist prädestiniert, zu einem „famous last word" zu werden. Während die Bosse aller Länder sich den Klimawandel schönreden, mundgerecht zerkleinern und gewinnorientiert zierliche, nicht zu einschneidende Verschönerungsmaßnahmen ergreifen, können schon die Schäden der letzten Auswirkungen dieses Klimawandels nicht mehr repariert werden. In New Orleans sind ganze Stadtviertel große Müllhalden, weil das Geld für den Wiederaufbau fehlt. Bis es soweit ist, wird vielleicht die nächste Flutwelle vorbeischauen. Wenn in Kalifornien die Villen brennen, machen sich die Menschen schon mehr Sorgen. Da müssen reiche Leute nur mit einem Hemd am Leib flüchten. Krass. Bei den Armen ist das ja nichts Besonderes. Es gehört sozusagen zu ihrem Leben, die sind das gewöhnt, für die ist der Klimawandel kein echtes Problem. Zweitausend Menschen ertrinken bei der letzten Flut in Bangladesh – kein Beweis für den Klimawandel. Die haben doch sowieso immer Überschwemmungen, sagt sinngemäß ein Reporter im Fernsehen. Wir haben uns an Menschen gewöhnt, die auf Hausdächern ausharren, bis Boote kommen, um sie abzuholen, die in Flüchtlingslagern leben, weil ihr Land zerstört ist. Weil auf ihrem Boden nichts mehr wächst, weil der Boden fortgeschwemmt ist.

Als die ersten Videokonferenzschaltungen eingeführt wurden, hieß es, Konferenzen würden damit überflüssig werden, in Zukunft müsse niemand mehr irgendwohin fliegen, um mit Geschäftspartnern, Politikern oder Wirtschaftsbossen zu verhandeln. Das Gegenteil scheint der Fall. Referenten und Staatssekretäre fliegen zur Arbeit nach Berlin und am Abend wieder nach Hause. Manager fliegen in der Weltgeschichte herum, um sich irgendwo wichtig zu machen.

Und jetzt wird es Zeit, auch Al Gore seine Inkonsequenz um die Ohren zu hauen. In seinem mit dem Nobelpreis ausgezeichneten Film sieht man ihn dauernd Auto fahren und fliegen, er argumentiert von seinem Flugzeug aus, er düst hierhin, dorthin. Merkt er eigentlich nicht, was für eine Botschaft er da verbreitet? Was er sagt, interessiert doch gar nicht. Bedeutsam ist, dass er glaubt, für den richtigen Zweck ist jedes Mittel recht. Und da er so wichtig ist, muss er natürlich viel Auto fahren und fliegen. Sollen die Unbedeutenden, bei denen eh alles wurscht ist, Fahrrad fahren. Problematisch ist sein Film auch noch aus einem anderen Grund. Er beschwört auf spektakuläre Weise ein Szenario der Klimakatastrophe in wenigen Jahren. Die Menschen winken ab. Stimmt alles gar nicht. Total übertrieben. Mit seinem platten mickymausphilosophischen Film hat er dem Klimaschutz ein faules Ei ins Nest gelegt.

Bei einem internationalen Konzertevent für das Klima kamen, wie die Medien dokumentierten, Madonna, Bono, Bob Geldof und andere in Privatjets zum Auftritt. Mit dem Energieaufwand hätte eine Großstadt einen Monat versorgt werden können.

Und da soll ich mir ein schlechtes Gewissen einreden lassen, weil ich gelegentlich einen kleinen Holzofen nutze und keinen Feinstaubfilter habe? Und wer schützt uns vor den Schützern? Denn dass die ihre Bequemlichkeiten nicht aufgeben, können wir jetzt schon sehen. Sie tun, was sie immer tun. Sie fliegen um die Welt, geben Konzerte, verkaufen Platten, treffen sich mit wichtigen Leuten zu wichtigen Anlässen, geben Pressekonferenzen, lungern auf Klimaveranstaltungen herum und sagen uns dann, was wir unbedingt tun müssen, weil schließlich die Welt untergeht.

Irgendwo muss man anfangen, sagt eine Freundin. Natürlich möchte niemand anfangen. Mein Hals wird eng.

Ich benutze im Winter keinen Kühlschrank und spüle meine Wäsche auch mal kalt. Ich besitze weder Gefrierschrank noch Bügeleisen, Klimaanlage oder Alarmanlage. Mit Ausnahme einer kurzen Zeit, vierzehn Monate, um genau zu sein, habe ich in den letzten zwanzig Jahren kein Auto besessen. Könnte man das nicht als den Beginn einer persönlichen Einschränkung bezeichnen?

Ich glaube nur nicht mehr an individuelle Einschränkungen und Heldentaten. Ich glaube mehr an Gesetze, die sinnlose Energievergeudung unmöglich machen. Zum Beispiel würde es mir gefallen, wenn Autos nicht von der Steuer absetzbar wären, wenn Manager und Handelsvertreter ihre Flüge nicht mehr absetzen könnten. Wenn die schlechte Angewohnheit, Geschäftspartner oder solche, die es werden sollen, zu schmieren, nicht mehr steuerlich begünstigt würde. Ich würde aufatmen, wenn Firmen ihre periodischen Fressgelage nicht mehr als Arbeitsessen oder Werbungskosten geltend machen könnten. „Geschäftsreisen", die darin bestehen, die Mitreisenden, oft Journalisten oder Ärzte, gefügig zu machen, könnten von mir aus auch aus der Liste der absetzbaren Vergnügen verschwinden. Die Produktion von Firmengeschenken und Billigramsch könnte meinetwegen sofort eingestellt werden, und der Barbiepuppe mit dem Barbiepferd und dem Barbiefrisierkopf weine ich auch keine Träne nach.

Dass Eltern ihre Kinder mit giftigem Billig-Spielzeug aus China traktieren, finde ich fast schon wieder komisch. Ich dachte, es gibt zu wenige Kinder bei uns, sollen die wenigen jetzt auch noch durch Gift eliminiert werden?

HUNDSTAGE IN GOA

Wenn ich ins Rentenalter komme, werde ich etwa fünfhundert Euro bekommen. Für dieses Geld bekommt man in München gerade mal ein Zimmer in einer Wohngemeinschaft. Deshalb ist mein Lieblingsthema und das meiner FreundInnen natürlich: Wohin gehen wir mit unserer kleinen Rente? Vorzugsweise in ein Land, das warm ist, da sind wir uns einig. Das spart Heizkosten.

Goa ist der Renner in den Rentenfantasien. Schön warm, schön billig, gutes indisches Essen, was zu kiffen, und die deutsche Bürokratie ist weit weg. Klingt nach Paradies, oder? Einige meiner Freundinnen sind schon ab und zu oder regelmäßig dort, kennen nette Einheimische, wissen eine billige Hütte am traumhaften Strand, Palmen, Meeresrauschen, ein bisschen Yoga, ein bisschen Ayurveda und eine Einheimische, die gut kocht.

Dann war da plötzlich diese Irritation: der Tsunami. Ungefähr da, wo wir gern leben würden, wenn wir alt sind, nicht direkt in Goa, wo es schon etwas teurer geworden ist, sondern auf der anderen Seite, südlich von Madras, spülte der Ausläufer der Riesenwelle die Dörfer ins Meer, tötete Zigtausende von Menschen, vernichtete Existenzen. Beim nächsten Silvesterfest spendeten wir alle für den Wiederaufbau der Dörfer, für die Menschen, die alles verloren hatten. Aber aus der Fantasie von Südindien und romantischem Meeresrauschen war die Luft raus. Als meine Freundin in ihrer Strandhütte lag, konnte sie nicht einschlafen. Klangen die Wellen nicht viel lauter als gerade eben noch? Und auch auf der Tanzreise nach Senegal wurden wir unruhig. Nachts fingen die Hunde an zu bellen. Gibt es auch im Atlantik Tsunamis? Könnte das Meer auch hier mal zu Besuch in die Hütten kommen und sich umsehen?

Plötzlich fühlte es sich gut an, irgendwo in Bayern zu sein, wo bestimmt keine Riesenwelle die Fraueninsel im Chiemsee wegspülen wird. Ich überlegte mir, dass es doch viel sinnvoller ist, dem Land zur Last zu fallen, für das ich soviel gegeben habe. Als aktive Feministin seit vierzig Jahren oder länger habe ich mit dafür gekämpft, dass die Rechte der Frauen verbessert wurden, dass ökologische Politik Fuß fassen konnte, dass Frieden ein wesentliches Thema in der Politik wurde. Hier zu bleiben, ist eine wirklich gute Alternative, aber während ich das schreibe, hat es draußen fünf Grad minus, und ich bin nicht Spitzweg und lege mich mit dem Mantel ins Bett, um nicht zu erfrieren.

Afrika wäre eine Alternative. Wenn ich dort bin, fühle ich mich wie zu Hause, kein Wunder, stammen wir doch alle von dort. Das kann man sich mittlerweile in einem Londoner Labor für 200 englische Pfund durch einen Gentest bestätigen lassen. Wir sind genetisch an Wärme gewöhnt, deshalb müssen wir in kälteren Ländern heizen oder saufen (die finnische Alternative). Der Stromverbrauch in afrikanischen Ländern ist gering, afrikanische Menschen brauchen kaum Klimaanlagen, wenn sie nicht durch Telenovelas daran gewöhnt wurden. Auch ich komme wunderbar ohne diese stromfressende Technologie aus. Für mein Rentenalter würde das bedeuten, dass ich nur geringe Energiekosten hätte und durch wesentlich niedrigere Lebenshaltungskosten mit der Rente, die auf mich wartet, immer noch grandios wirtschaften könnte.

Doch der Mensch lebt nicht vom Strom allein. Warm und billig reicht mir nicht. Ich brauche Freundinnen und Freunde, die Berge, die kühlen Seen und Flüsse. Auch meine Sprache scheint mich stärker zu verwurzeln und zu halten, als es mir je bewusst war. Das wird mich vermutlich daran hindern, im Alter nach Afrika zu ziehen. Dreißig Jahre verbrachte ich fast jedes Jahr eine längere Zeit dort, jetzt habe ich Skrupel, in ein Flugzeug zu steigen. Weil Flugzeuge soviel – sagen wir mal nicht CO_2, sondern sagen wir, wie es ist – Dreck in die Luft schleudern.

Für meine Schwester ist die Sache klar: Mit der Erderwärmung sinkt die Notwendigkeit, soviel zu heizen, also können wir es auch gut in Deutschland aushalten. Sie liebt zwar die Wärme in südlichen Ländern, reist aber nur dorthin, wo sie nicht fliegen muss. Sie hasst das Fliegen. Sie ist die ideale Weltbürgerin im Zeichen des Klimawandels. Sie braucht keinen Kick, nur ab und zu Wärme und Erholung. Wir erörtern die Erderwärmung und kommen zu keinem Schluss.

Leider kommen auch die Wissenschaftler nicht wirklich zu Ergebnissen. Bedeutet Erderwärmung nicht, dass wir alle weniger Energie verbrauchen? Dadurch müsste sich doch die Erwärmung wieder reduzieren? Dann brauchen wir also doch wieder mehr Heizung? Doch die Ölvorräte gehen zu Ende, in zehn Jahren kann sich kein Mensch mehr Öl leisten, was dann? Wird es dann wieder kälter, weil die Menschen weniger verfeuern, weil sie sich das Autofahren nicht mehr leisten können und damit weniger CO_2 produzieren?

Wird es dahin kommen, dass die warmen Länder uns BewohnerInnen der kalten Länder in der Hand haben? Dass es vorbei ist mit der Vorherrschaft der Europäer, weil Europa nicht mehr zu heizen ist? Kann die Lösung wirklich sein, dass wir uns nicht mehr in der Welt umsehen dürfen, weil Fliegen schädlich fürs Klima ist? Müssen wir wie unsere nomadischen Vorfahren der Wärme nachwandern, weil wir in der Kälte untergehen? Können sich sechs Milliarden Menschen oder mehr auf den Weg machen?

Im Senegal gibt es einen Küstenstreifen, der schon fast so teuer wie Frankreich ist. Das liegt daran, dass für französische RentnerInnen die senegalesische Atlantikküste ideal ist. Nicht zu heiß, immer frischer Wind, französische Zeitungen, französisches Fernsehen und ein Hauch von Exotik durch die einheimische Bevölkerung, die von den Wohnanlagen der Pensionisten durch bewaffnete Sicherheitskräfte ferngehalten wird.

So eine Rente ist ja ein erstrebenswerter Wert, sie fließt jeden Monat nach und ist in afrikanischen Ländern so gut wie unbekannt. Natürlich kommt es zu Spannungen, zu Überfällen. Wer versucht, der Armut im Alter zu entgehen, erfährt, dass die turbokapitalistische Überflussgesellschaft nicht nur zu den Menschen der sogenannten dritten Welt fies ist, sondern auch zu den Alten, für die sich niemand mehr interessiert, weil sie nur noch Kosten verursachen. Überall dort, wo Menschen ihren Lebensabend verbringen wollen, weil es wärmer ist als zu Hause, also in Nordafrika, in der Türkei, in den Mittelmeerländern, steigen aber die Lebenshaltungskosten, weil die RentnerInnen ja relativ viel Geld mitbringen. Also wird das Leben auf die Dauer auch in den „billigen" Ländern immer teurer. Ein weiteres Problem der Rentnerwanderungen ist das Wasser. Europäische Menschen haben einen exorbitanten Wasserverbrauch. In Indien ist das bereits ein großes Problem. Zwar befriedigt man noch die Bedürfnisse der Touristen und Zuzügler, doch je mehr Menschen sich ansiedeln, um so knapper wird das Wasser.

Anstatt in armen Ländern die einheimische Bevölkerung auszubeuten, die noch ärmer ist als die Menschen am unteren Rand der Industrieländer, könnten wir weniger Begüterten uns zu Emissionshandelsgemeinschaften zusammentun. Wie einst bei den First Nations Amerikas würde eine Stammesmutter, die etwas davon versteht, für die ganze Gemeinschaft clevere Verträge aushandeln, in denen wir unsere Umweltdreckrechte an jene verkaufen, die noch fliegen, Autofahren, übermäßig heizen, sinnlose Produkte herstellen wollen. Mit dem Geld könnten wir in jenen armen, aber sonnenreichen Ländern Solartechnologie einrichten, die uns allen das Leben dann wieder erleichtern kann. Wir könnten vom Wissen der Menschen lernen, die uns in ihren Dörfern und Städten aufgenommen haben, und könnten unsere Erfahrung einbringen.

Ein lebhaftes, fantasievolles, reiches Miteinander könnte daraus entstehen. Endlich könnte die Weisheit, die Alte ja mitbringen, schöpferisch und wirkungsvoll in eine Gemeinschaft eingebracht werden – von Pflanzenkunde über Textilherstellung bis zu künstlerischen Techniken, von der Wasseraufbereitung über die Nutzung natürlicher Energie bis zu handwerklichen Fähigkeiten und zum Austausch über Philosophie, Spiritualität und Geschichte. Das wäre eine Rentenvision, mit der ich mich vertraut machen könnte.

HALLIGALLI AUF BALI

Während ich das schreibe, geht der Umweltgipfel auf Bali zu Ende. Bali wird wohl zum Symbol für sinnlose Bürokratie, kafkaeskes Nichtankommen nirgendwo, gigantischen Energieaufwand, gigantische Umweltbelastung mit null Ergebnis werden. Vielleicht wird man Bali sagen, wenn wieder einmal der Versuch unternommen wird, Naturgewalten mit Bürokratie zu Leibe zu rücken. Jetzt muss aber die Erde auch mal vernünftig sein! Schließlich tun wir, was wir können, um das Schlimmste zu verhindern. Die Natur ist ja auch so irrational! Was soll denn so ein Hurrikan, so eine Schlammlawine bringen? Und immer auf die Ärmsten. Hat es die Natur überhaupt verdient, dass wir uns für sie derart ins Zeug legen? Da lachst du.

Ich habe versucht, herauszufinden, was Bali, Klimaschutz oder Klimawandel bedeuten. Zuerst gab ich bei Google „Bali Klimakonferenz“ ein. Da kamen vier oder fünf Einträge von der deutschen Bundesregierung, die sich bemühen, den Aufwand irgendwie zu rechtfertigen.

Es kam immerhin dazu, dass die Delegierten sich einigten, sich in zwei Jahren wieder zu treffen, um einen neuen Vertrag auszuhandeln. Äh? Was für einen Vertrag? Wofür? Wer soll den unterschreiben? Ich wühle mich in die unterschiedlichsten Artikel, Bücher, Veröffentlichungen, Verlautbarungen. Und finde nirgends Klartext.

Die USA zum Beispiel haben den Kyoto-Vertrag unterschrieben, aber nicht ratifiziert. Was also soll die Unterschrift? Was wird gefordert? Was wird umgesetzt? Nichts, um es kurz zu machen. Das Kyoto-Protokoll ist nicht bindend. Es läuft 2012 aus, und alle Vorschläge, denn von Vereinbarungen kann nicht die Rede sein, weil sie ja nicht bindend sind und von niemandem überprüft werden, müssen dann neu verhandelt werden. Es ist ein bisschen wie Kafkas „Schloss“: Es ist immer in Sicht, aber man kommt nicht in die Nähe, schon gar nicht hinein, und irgendwann hat man vergessen, warum man überhaupt dahin soll, oder ist das jemals ausgesprochen worden?

Kanada, USA, Indien und China wollen sich auf verbindliche Vereinbarungen nicht einlassen. Das heißt, sie kommen zu den Konferenzen, essen und trinken, sprechen und hören zu, fliegen hin, fliegen her, fahren mit Taxis durch die schönen Straßen von Kyoto, Mexiko-City, Denpasar, Kopenhagen oder wo die Meute sich gerade aufhält, diese riesige Masse Umweltschützer, die brummend und summend durch die Welt reist. Es wird verhandelt und verhandelt, bis man sich am Ende einigt, in zwei Jahren ein neues Konzept vorzulegen. Das ausgerechnet die Staaten nicht umsetzen, die am meisten Dreck produzieren. Warum nicht einfach warten, bis die Wirbelstürme die Bürokraten weggefegt haben?

Das geht nicht, ich sehe es ein, weil vorher alle anderen untergehen. Die Bürokratie siegt, das beweist der Lauf der Geschichte. Ob in China, in Ägypten, in Indien, in Deutschland – da sitzen diese mit extrem belastbarem Sitzfleisch ausgestatteten verbeamteten StaatsdienerInnen, die zu engagierten PolitikerInnen sagen: Das kann ich erwarten, bis du weg bist. Mich bringt hier keiner weg.

Überschwemmungen? Muren? Stürme? Was gibt es heute in der Kantine? Beschlüsse? Was für Beschlüsse? Die schiebe ich ganz unten in den Stapel, und dann schauen wir mal. Nichts überstürzen, es könnte sich ja alles auch so regeln. Diese hysterischen Öko-Aktivisten malen den Teufel an die Wand, aber es kommt ja doch ganz anders.

Glaubt wer, ich hätte mir das gerade aus den Fingern gesogen? Im Gegenteil. Ich gehe manchmal in der Nähe des bayerischen Landtags zu einem fantastischen Metzger Weißwürste essen. Natürlich bin ich mir klar darüber, dass Fleisch etwa siebenmal soviel Energieaufwand braucht, wie es Energie liefert. Ich versuche den Fleischkonsum also so gering wie möglich zu halten, zumal ich auch gehört habe, dass wir uns alle Umweltmaßnahmen sparen könnten, wenn alle Menschen auf der Welt nur einmal die Woche Fleisch essen würden (außer den VegetarierInnen, VeganerInnen und FruitianerInnen, die überhaupt kein Fleisch essen). Vom Essen verstehen auch Beamte etwas. Da stehen sie und diskutieren den Fangschuss für Bruno den Bären, auf die Forderungen der Grünen schmieren sie ihren Senf drauf, das Umweltgerede entlockt ihnen nur ein müdes Lachen. Spaßeshalber dachte ich, vielleicht haben sie ja recht, und es ist alles nur Panikmache.

Ich recherchiere und lese und lese. Dabei entdecke ich eine sehr kuriose Sache. Der Golfstrom, der für das milde Klima an der englischen Südküste und überhaupt in Nordeuropa verantwortlich ist, fließt hinauf zum Nordpol. Dort kühlt er ab, wird schwerer, sinkt nach unten und reist wieder zurück, bringt dabei kühles frisches Wasser in die warmen Gewässer. Nun schmelzen aber die Pole, weil es so warm wird, und das Wasser verdünnt den Golfstrom. Der hat nicht mehr genug Salz und ist nicht mehr warm genug, sinkt nicht tief genug ab und versiegt.

Oder so ähnlich. Also bringen die schmelzenden Pole den Golfstrom zum Stehen. Die Folge, die in Fachmagazinen diskutiert wird: Nordeuropa droht eine neue Eiszeit. Das ist derart paradox, dass ich Mühe habe, mir das vorzustellen: Das Versiegen des Golfstroms, also der Treibhauseffekt und die globale Erwärmung führen möglicherweise zu einer neuen Eiszeit. Auch seriöse Wissenschaftler müssen zugeben, dass sie nicht wissen, wie sich das alles entwickeln wird. Alle scheinen sich aber einig zu sein, dass in den nächsten fünfzig Jahren die Erderwärmung um mindestens zwei Grad ansteigen wird, eher um fünf Grad. Das hebt den Wasserspiegel an.

Unterschiedliche Vorstellungen kursieren. „Geo" sieht Bangladesh untergehen, dann Hamburg und weite Teile Hollands. Immer mehr Holländer kaufen sich Immobilien in Frankreich, falls das Meer ihre Häuser wegspülen sollte. Bangladesh ist eigentlich jedes Jahr überflutet, aber 2007 war das Wasser zum ersten Mal so hoch wie nie zuvor und ging lange nicht zurück. Eine Teilnehmerin an der Bali-Konferenz, die von den Fidschi-Inseln kommt, sagte: Für die meisten hier scheint der Klimawandel eine theoretische Diskussion zu sein, aber für uns bedeutet es, dass es die Fidschi-Inseln vielleicht nicht mehr gibt, wenn das nächste Treffen stattfindet. Fidschi! Bangladesh! Das ist weit weg. Man kann nicht alles retten... Eine Zusammenfassung der Debatte in „Geo" bringt es auf den Punkt. Auf die Frage: Was geschieht, wenn Länder sich an ihre Kyoto-Verpflichtungen nicht halten? heißt es lapidar: Nichts. Es gibt keine Strafen, keine Sanktionen.

Natürlich geschieht etwas. Der CO_2-Gehalt in der Luft steigt, es wird wärmer, der Golfstrom versiegt, die Pole schmelzen, es gibt eine Eiszeit oder auch nicht, der Meeresspiegel steigt, das Grundwasser steigt, Stürme verwüsten Länder, Überschwemmungen spülen die Zivilisation in den großen Abfluss des Universums. Frauen weinen, Kinder sterben – eigentlich alles wie immer.

Die einzige Hoffnung liegt in den Versicherungen. Die gelten ja als Institutionen, die alles kassieren, aber nichts hergeben wollen. Und gerade darin liegt die Hoffnung. Schon maulen die Chefs der großen Rückversicherungen, dass die Umweltschäden Naturkatastrophen produzieren, die nicht mehr versicherbar, nicht mehr bezahlbar sein werden. Die Anwälte sitzen mit rauchenden Köpfen über Klauseln, in denen immer mehr Schäden ausgeschlossen werden. Sollen die Menschen doch selber sehen, was sie nach einer Flut mit ihren abrutschenden Höfen und stinkenden Reihenhäuschen machen.

Die Versicherungen zeigen den Weg: Wir zahlen nicht. Seht zu, wo ihr bleibt. Das wird vielleicht, VIELLEICHT, die träge Masse in Gang setzen. Wenn das Grauen nicht mehr auf dem Fernsehschirm, sondern vor der Haustür lauert, gewinnt vielleicht die emotionale Intelligenz, der Überlebenstrieb über die Schaukel zwischen Teilnahmslosigkeit und Kick. Dann wird es vielleicht einen Umweltgipfel geben, der Tacheles redet, Verträge macht und Strafen aushandelt. Wird davon das Klima besser?

Niemand weiß es. Doch macht uns diese Entwicklung zu bewussteren Menschen, die einander respektieren, die die Natur, die Tiere, das Wasser achten, keinen Raubbau treiben, nur soviel wie nötig und sowenig wie möglich verbrauchen. Und das wäre auf jeden Fall eine sehr erfreuliche Entwicklung.

KROKODILSTRÄNEN

In einem Interview mit dem Magazin der Süddeutschen Zeitung sagte Josef Ackermann, das Alphamännchen der deutschen Finanzwelt, er könne nicht weniger Geld für seinen Job nehmen, denn das Managergehalt sei so etwas wie ein Richtwert. Je bedeutender einer sei, um so höher das Einkommen. Nehme er weniger, gelte er auch weniger. Wer hat den Größten! Wer ist der Wichtigste! Diese zugegebene Käuflichkeit bringt ihn ja eher in Zusammenhang mit der Prostitution als mit Werten.

Das Verhängnisvolle an der Klimadebatte ist ihre Linearität. Hat uns die Linearität des Patriarchats nicht schon genug Ärger gebracht? Alle scheinen zu glauben, man müsse nur die richtige, die geniale Maßnahme finden, dann regle sich das mit dem Klima. Was leider niemand zu kapieren scheint und wenn doch, dann ist es das letzte Tabu dieser Gesellschaft: Die Klimakatastrophe hat mit patriarchalem Imponiergehabe, mit Revierkampf, Kriegsstrategie, mit Siegern und Verlierern, mit der Kluft zwischen arm und reich, Verachtung für das Schwache, mit Rücksichtslosigkeit, Arroganz, männlicher Unfähigkeit, vernetzt zu denken, mit Siegeszug und Niederlagen zu tun, also auch mit Josef Ackermann und seinen Werten.

Immer kurz vor Weihnachten wird die Tränendrüse strapaziert, gibt es Aufrufe, Kinder zu retten, Hütten zu bauen, Fischern ihre vom Tsunami zerstörten Boote zu erstatten, Hunger zu stillen, Flüchtlinge mit Nahrung und Kleidung zu unterstützen. Industrielle und Schauspieler-

Innen zeigen sich auf Wohltätigkeitsgalas, wo stattliche Summen zusammenkommen, die dann in irgendwelchen Kanälen versickern, sehen wir einmal von Karlheinz Böhm ab, der in Äthiopien einheiratete und Hilfe zu einer Familienangelegenheit machte.

Geholfen wird da, wo die potentiellen SpenderInnen nicht müde abwinken. Wer zum hundertsten Mal Hungerhilfe für Afrika propagiert, hat wenig Aussicht auf Erfolg, es sei denn, Angelina Jolie ist gerade dort. Dann sind die Magazine voll mit bewegenden Fotos, das Geld fließt. Wohin – das interessiert dann irgendwie auch nicht mehr.

Gerade steht der Geschäftsführer von Unicef Deutschland im Verdacht, Geld zweckentfremdet zu haben. Die SpenderInnen wollen sich von ihrem schlechten Gewissen befreien, von den unruhigen Gedanken vor dem Einschlafen: Während ich gemütlich döse, räumen anderswo Flutwellen die Hütten ab, brennen Wälder, steht ein Land unter Wasser, hungern Familien. Schnell zwanzig Euro spenden. Ich tu, was ich kann.

Trotz großer Ölvorkommen steigt die Armut im Tschad, berichtet die Süddeutsche Zeitung. Was heißt hier trotz? Wegen! Wo Öl ist, bedienen sich die Wenigen, und die Vielen stürzen ab. Nicht Mitleid und Wohltätigkeit sind gefragt, sondern eine gerechte Gesetzgebung, Prozesse gegen die Kriegsgewinnler und die Chefs der Firmen, die ein Land ausbluten. Davon sind wir weit entfernt, nicht nur gibt es keine Gesetze und keine Prozesse, mit diesen korrupten Ausbeutern funktioniert auch die europäische Wirtschaft wunderbar. Krieg treibt die Gewinne hoch, stabilisiert die Lage in dem Land, das Waffen und Technologie liefert. Und wenn wir uns die Krokodilstränen aus dem Augenwinkel gewischt haben, tun wir gut daran zu überprüfen, wo wir selbst zu NutznießerInnen der Armut und der Kriege geworden sind. Uns zu fragen, warum die Fair-Trade-Läden nicht so voll sind wie Karstadt vor Weihnachten? Das wäre ein wirklicher Wandel im Klima zwischen den Menschen. Wir würden jedes Produkt, das wir aus armen Ländern beziehen, fair bezahlen, damit entstünde das, was der Kapitalismus immer propagiert, nämlich echter Wettbewerb. Gäbe es faire Preise, könnten arme Länder möglicherweise sogar mit ihren Schätzen ihre Menschen ernähren. Das geht uns aber zu weit. Diese Preise wollen wir nicht bezahlen. Die stehen auch in keinem Verhältnis zu den gespendeten zwanzig oder fünfzig Euro. Fair-geben? Fair-teilen? Eher fair-arschen.

Und es geht ja nicht nur um faire Preise für Produkte, es geht auch um die Bewegungsfreiheit, um das Primat der Mobilität. Die weiße europäisch-amerikanische Bevölkerung sieht es als ihr Grundrecht, überallhin fliegen, alles konsumieren, alle Rohstoffe und Energiequellen für sich nutzen zu können. Russland und China holen langsam auf. Konsum und Bewegung ist alles. Von der Immobilie in die Mobilität und zurück.

Es ist relativ leicht, die krassen patriarchalen Zerstörer zu kritisieren, ihren Anteil an der Zerstörung der Erde aufzudecken. Aber was ist mit uns, den „Guten"? Sollte es einmal einen CO_2-Pass geben, in dem vermerkt wird, wie viele CO_2-Einheiten pro Person erlaubt sind und wie viele man tatsächlich verbraucht, werd ich blöd schauen. Ich habe zwar kein Auto mehr, doch fliege ich munter in der Weltgeschichte herum. Das hat mit dem nomadischen Erbe zu tun, mit der Lust auf die Schönheit und Vielfalt der Welt, mit Entdeckungslust und Staunen, mit Freude. Auch mit Frust.

Nun ist der Frustanteil an meinem Leben gering, doch wie geht es denen, die in einem ungeliebten Job ihre Lebenskraft verpulvern, schlecht bezahlt werden und zwischen Erschöpfung, Depression und Stress hin und her schwanken? Wer will ihnen einen Vorwurf machen, wenn sie im Urlaub in die Dominikanische Republik reisen, all inclusive, und in Kauf nehmen, dass Diebe von der Hotel-Security erschossen werden und die einheimische Bevölkerung verelendet? Wer sich den Urlaub in Österreich oder in der Schweiz nicht leisten kann, wohin man umweltschonend mit dem Zug fahren, gutes Essen, vielleicht sogar Biokost genießen und die Schönheiten der eigenen Umgebung kennen lernen könnte, weicht aus nach Malle, Hurgada, Teneriffa oder Kuba. Frustbewältigung schadet dem Klima genauso wie Autoabgase oder Industriedreck.

Eine wirklich faire Umverteilung der Werte darf niemand fordern, weil das sozialistisch ist. Der „Spiegel“ darf zwar eine Titelgeschichte „Junge Männer. Die gefährlichste Spezies der Welt“ bringen, aber man darf nicht fragen: Was heißt junge Männer? Alte Männer sind viel gefährlicher, weil sie mehr Macht haben und ihr Zerstörungspotential global ist. Wir Feministinnen sagen schon lange: Männer sind das Hauptproblem auf diesem Planeten.

Auch die patriarchale Wegwerfgesellschaft darf nicht kritisiert werden, das ist radikalfeministisch. Wenn man nicht sagen darf, was ist, geht auch nichts weiter. Wir sollen uns die öffentlichen Ejakulationen der Bosse andächtig anschauen und sie dafür bewundern, dass sie die Größten sind. Dann sollen wir unserer Arbeit nachgehen und im Urlaub über die Stränge schlagen und konsumieren, bis wir umfallen, und anschließend alles wegwerfen, damit wir wieder konsumieren können.

Als ich in meinem Internettagebuch schrieb, dass ich am liebsten secondhand in Charityshops kaufe (vor allem in England und den USA gibt es Geschäfte von Organisationen, die Kleidung, Hausrat, Accessoires usw. aus Spenden verkaufen), weil ich da durch meinen Einkauf Geld gebe, die Kleidung, die ich am Leib trage, spende und immer neue Kleidung haben kann, ohne viel Geld ausgeben zu müssen, kritisierten mich Leserinnen: Wenn das alle machten, würde das System zusammenbrechen, Arbeitsplätze gingen verloren usw.

Dass alles zusammenbricht, dass alle Arbeitsplätze, auch die der Topmanager verloren gegangen sind, dass kein Flugzeug mehr fliegt, dass sich Menschen zu Fuß auf den Weg machen, weil kein Benzin mehr da ist, das wäre mal interessant. Auch dass Länder, die damit vertraut sind, Europa bei der Bewältigung der Armut helfen.

Wir behandeln die Menschen armer Länder mit einer Mischung aus Gönnerhaftigkeit und Bedauern. Was wäre, wenn wir selbst hilfsbedürftig würden, wenn die nachwachsenden Generationen, vom Junkfood geschwächt, vom Lärm halbtaub, von Drogen ruhiggestellt und vom Alkohol vergiftet, auf die Hilfe arabischer oder afrikanischer Länder angewiesen wären? Wenn schöne Reden keine Chance mehr haben? Wenn wir ernten, was wir gesät haben – Neid, Raffgier, Hunger und Zerstörung?

Da scheint die Nachricht, Nigeria wolle mit Siemens keine Geschäfte mehr machen, weil die Firma Siemens so korrupt sei, fast wie das Signal einer neuen Zeit.

JETZT BRAUCHE ICH EINE PAUSE

Ich treffe mich mit meiner Schwester auf ein Stündchen in einer Kneipe. Wie weit bist du mit dem Buch? fragt sie. Ich hoffe, du schreibst nicht so eine Panikmache wie alle anderen. Ach gar nicht, sage ich, ich schreibe so etwas wie: Wenn wir nicht sofort unsere Lebensgewohnheiten ändern, geht die Welt unter. Kurz zögert sie, aber nur sehr kurz. Wir kennen uns eben so gut. Dann erzählt sie vom Klimawandel, wie er in England ins Leben eingebaut wird. Es gibt da ein neues Kultbuch, in dem steht, dass wir nichts mehr ändern können, dass es jetzt erst richtig losgeht, wenn Indien und China millionenfach die kleinen Autos unters Volk bringen. Dass eine Glühbirne mehr oder weniger das Kraut auch nicht fett macht.

Das ist mein Thema. Ja, genau. Fand ich schon immer. Glühbirnen können unmöglich eine große Rolle im Klimageschehen spielen, eher spielt die Vermarktung der Sparlampen eine Rolle, die ja viel teurer sind und vor allem giftig. Es ist nämlich noch gar nicht erforscht, was die alles so von sich geben, während sie sowenig Strom brauchen, und wieviel Gift sie verbreiten, wenn sie schließlich doch entsorgt werden müssen. Sie enthalten Quecksilber, und wenn sie im Restmüll landen, richten sie soviel Schaden an, wie es die kleinen harmlosen Glühbirnen nie konnten. Haben wir das Quecksilber aus den Fieberthermometern verbannt, um es jetzt in Energiesparlampen im großen Stil wieder einzuführen?

Die Flüge müssen teurer werden, sagt meine Schwester. Ob das soviel bringt? frage ich. Auf jeden Fall fliegt man hemmungsloser, wenn der Flug nur 11 Cent kostet, sagt sie. Ich schlage die Flugzeugbenzinbesteuerung vor, mein Lieblingsthema. Dann werden Flüge sofort enorm teuer. Das bringt trotzdem nichts, meint sie. Irgendein Fachmann hat das errechnet, egal was wir noch alles machen, die Erwärmung ist nicht aufzuhalten, aber sie ist den meisten Leuten sowieso egal. Hauptsache, das Bier wird nicht teurer.

Die Panikmache der Parteien ist völlig sinnlos, meint sie. Naja, sage ich, die Panik der Rückversicherungen bewirkt vielleicht wirklich mehr. Die können die Schäden nicht mehr zahlen, die durch den Klimawandel entstehen. Aber vielleicht nehmen sie diese Schäden einfach aus der Liste der von ihnen gedeckten Schäden heraus, dann ist die Welt wieder in Ordnung...

Wir sprechen über das Rapsöl, und sie bringt den einzigen Klima-/Umwelt-Witz, den ich finden konnte: Zwei südamerikanische Bauern werden von einem Biodiesel überholt. Sagt der eine: Da fährt unser Frühstück.

Was wurde eigentlich aus der „Brent Spar"? Diese schwimmenden Öltanks der Firma Shell, in den Medien auch Ölplattform genannt, gelangten 1995 zu internationalem Ruhm, als Greenpeace beschloss, sie zu besetzen und ihre Versenkung zu verhindern. Zwar wäre der Umweltschaden bei einer Versenkung gering gewesen, und Greenpeace verbreitete eine Menge falscher Informationen und büßte damit viel vom Vertrauen der Ökoaktivisten ein, doch immerhin kam es dazu, dass Ölplattformen und schwimmende Tanks nicht mehr im Meer versenkt werden dürfen. Aber was ist mit dem Atommüll, der jahrelang ins Meer versenkt wurde? Was mit den geheimnisvollen Flaschen voll hochgiftiger Chemikalien, irgendwo in der Ostsee? Was mit den Ölschiffen, die nur noch Rostlauben sind und aus welchen finanziellen Schachzügen auch immer durch die Meere kurven, bis sie auseinanderbrechen? Sie geistern durch die Zeitungen, sorgen für erhöhten Blutdruck, aber was wirklich geschieht, weiß eigentlich kein Mensch.

Ich fahre mit dem Rad heim und bin nicht ganz glücklich. Ein Freund hat mir vorgerechnet, dass es vielleicht umweltfreundlicher ist, wenn ich in einem Auto fahre, das wenig Benzin braucht, denn wenn ich Rad fahre, bekomme ich Hunger und brauche mehr Nahrung, vielleicht sogar Fleisch, und belaste die Umwelt somit mehr. Darüber muss ich nachdenken.

Und während ich das schreibe, sitze ich im TGV nach Paris, statt zu fliegen, und zum ersten Mal denke ich darüber nach, dass natürlich auch Strom keineswegs neutral ist. Zwar fällt kein CO_2 vom Himmel, wenn der Zug seine Spitzengeschwindigkeit von 385 km/h erreicht hat, doch wo holt er den Strom her? Ist jetzt auch Zugfahren tabu? Sollte ich reisen wie Goethe, der sich darüber keine Gedanken machen musste, denn es gab ja nur Pferdewagen. So konnte er unbekümmert schwadronieren: Mensch, sei weise, reise, reise! Und damit den Anschluss an seine altsteinzeitlichen Vorfahren, von denen er vermutlich gar nichts wusste, festigen, die eben auch gereist sind, CO_2-neutral sozusagen. Auch wer wollte, kann heute nicht mit einem Pferdefuhrwerk nach Kleinasien oder Amerika fahren. Also doch: Reise weise?

II. AUS DER SPIRALE HERAUS

VON ARMEN LÄNDERN LERNEN

Ich wundere mich immer wieder, dass die reichen Länder sagen dürfen, armen Ländern „Entwicklungshilfe" zu geben. In der Praxis bedeutet das, ihnen die Technologie anzudrehen, die bei uns schon leicht veraltet ist, ihnen unseren Müll in die Vorgärten zu werfen und ihnen Atomkraftwerke als Statussymbole anzudrehen. Dass in einem afrikanischen Land ernsthaft überlegt wird, woher man das Geld für ein Atomkraftwerk nehmen könnte, zeigt, dass Dummheit doch ansteckend ist.

Afrika hat eigentlich kein Energieproblem. Mit der Sonne, die dort vom Himmel brennt, könnten alle Energieprobleme der Welt gelöst werden. Die weiße Welt tut immer so, als habe sie die Lösung für alle Probleme und wisse alles. Wenn ich in Afrika bin, merke ich, dass es genau umgekehrt ist. Afrikanische Menschen organisieren ihr Leben praktisch ohne Geld. Es gibt keine Krankenversicherung, keine Rentenversicherung, kaum festes Einkommen. Doch mit unglaublich wenig Mitteln entsteht Lebensfreude, Überlebensstrategie. Wenn wir sowenig Mittel, sowenig Anbauflächen, sowenig Geld hätten, würden wir eingehen. Wir sind ja nur Überfluss und Raubbau gewöhnt. In Afrika wird alles, sei es noch so gering und wertlos, aufbewahrt und wiederverwertet.

Vor etwa fünf Jahren fing ich an, „Wundertüten für Afrika" zu verkaufen, Bilder, Fotos, multiple kleine Kunstwerke von mir, deren Erlös ich in Projekte von Frauen in Afrika steckte. Nicht Entwicklungshilfe, sondern Förderung von Eigeninitiative. Ich lernte Frauen kennen, die Plastiktüten aufsammeln, waschen, zu Matten, Taschen oder anderen Produkten verarbeiten und diese dann verkaufen. Davon ernähren sie ihre Familien und tun gleichzeitig etwas für die Umwelt. Überall in Afrika werden Blechbüchsen zu kleinen Möbeln und Dekorationsstücken für Touristen verarbeitet – mittlerweile ist das schon eine eigene Kunstrichtung. Aus Plastikbechern werden Schubladen und Schachteln. Nur was absolut nicht mehr zu gebrauchen ist, wird verbrannt. Schwer vorstellbar in einem Kulturkreis wie unserem, wo einfach alles – Nahrung, funktionsfähige Geräte, Computer, Möbel, Geschirr, Bücher, Papier – „entsorgt" wird.

Als ich ein Kind war, hatten wir Musik von Bach, Mozart, Schubert, Vivaldi, und natürlich sangen und jodelten wir, wanderten in die Berge, unser Leben war fantasievoll und reich, doch wir hatten kein Geld. Ich trug gebrauchte Kleidung von anderen Kindern. Spielsachen hatten wir nicht. Es gab die zwei Puppen mit den Porzellanköpfen, mit denen schon meine Mutter und ihre Schwester gespielt hatten, doch die sahen wir nur am Samstag, am Badetag. Da wurde der Badeofen geheizt, und wir badeten alle im selben Wasser: Oma, Mutter und zwei Töchter. Die Wäsche wurde einen Tag eingeweicht und dann auf dem Waschbrett ausgewaschen. Sie wurde sauber. Ob sie rein war, weiß ich nicht, das hat mich nie interessiert. Die Lust an gebrauchten Dingen ist mir geblieben.

Meine Möbel stammen von den Sperrmülltagen am Starnberger See, die es heute nicht mehr gibt, wahrscheinlich hat sich da die Industrie eingeschaltet, denn die gebrauchten Sachen waren oft schöner als der Krempel, den man neu zu kaufen bekommt. Die Gehirnwäsche der Produzenten von Mode und Hausrat hat funktioniert.

Heute kauft kaum jemand gebrauchte Kleidung oder gebrauchte Möbel. Das ist etwas für Arme, für Abgestürzte, meinetwegen für KünstlerInnen. Doch das Prinzip des Wiederverwertens ist einfach zauberhaft. Jemand hat dieses Stück getragen, in der Wohnung gehabt, geliebt, mit Blicken, Berührungen und Worten gelobt, und nun ist es bei mir, und ich fühle seine Energie. Ich kaufe mir etwas, für das überhaupt kein CO_2 aufgewendet werden muss, weil es schon da ist.

Auf den Sperrmülldeponien in München werden Dinge entsorgt, die in Afrika die Existenz ganzer Dörfer sichern könnten. Nichts von den weggeworfenen Möbeln, Computern und anderen Dingen darf aus den Containern genommen und wiederverwertet werden. Auch die Arbeiter der Mülldeponie dürfen das nicht. Ein türkischer Arbeiter sagte wütend: Eine Schande ist das, die guten Sachen einfach wegzuwerfen. Mit der Arroganz der Besitzenden machen wir zu Müll, was gerade noch unser größtes Entzücken war, was wir gerade noch gierig an uns rissen.

Wiederverwerten, was schon da ist, das Reinigen, Umnähen, neu Zusammensetzen von bereits Bestehendem ist die große Kunst der Armen. Als ich Kind war, wurde nichts weggeworfen, weder Nahrung noch Kleidung. Strümpfe wurden gestopft, Schuhe repariert, Kleidungsstücke geflickt. Davon können wir heute nur träumen. Uns wird Neues um die Ohren geschlagen, ins Blickfeld gepresst, bis wir nicht mehr widerstehen können.

Das soll jetzt auch in armen Ländern so werden. Förderung zum Konsum ist die Devise. Wir pumpen etwas Geld, nicht zuviel, dahin, damit sie sich endlich auch mit den Segnungen des Technologiezeitalters versorgen können. In Westafrika haben mittlerweile viele Menschen Mobiltelefone. Der große Kühlschrank des Lebensmittelhändlers, der fürs ganze Dorf die Nahrungsmittel kühlt und in kleinen Portionen verkauft, wurde abgelöst durch private Kühlschränke, die unglaublich viel Strom verbrauchen, den niemand bezahlen kann. Menschen sterben bei dem Versuch, ihr Kabel an die Hauptleitung anzuhängen. In Nigeria beuten große Ölkonzerne die Ölvorkommen aus und machen ihre Verträge mit einigen Familien, die unermesslich reich werden. Die Armen zapfen die Leitungen an und werden von Sicherheitsleuten erschossen…

Glücklich die Länder, an denen niemand wirklich interessiert ist, weil sie keine nennenswerten Bodenschätze oder Ressourcen haben! Zwar werden sie arm bleiben, doch die Entwicklung in Burkina Faso oder Benin zeigt, dass relative materielle Armut mit etwas Hilfe organisierbar ist und nicht zu den katastrophalen Zuständen wie in Liberia und Sierra Leone (Diamanten) oder Nigeria (Öl) führen muss. Wenn es einmal das Gesetz für Emissionshandel gibt, bei dem arme Länder ihre Emissionsrechte an reiche Länder oder arme Menschen ihr Emissionsrecht an reiche Menschen mit mehr CO_2-Ausstoß verkaufen können, werden die armen Länder vielleicht unversehens zu den Gewinnern des Klimawandels. Dann könnten die Menschen, die gelernt haben, mit wenig auszukommen, davon ihr Leben finanzieren.

Manche Menschen, auch Feministinnen, scheinen zu glauben, Göttinnen seien so eine Art Kitschbefriedigung für Maggi- und Sprit-Tussis. Etwas Unpolitisch-Romantisches, mit dem eine ernsthafte Frau nicht in Verbindung gebracht werden will. Sehr unauffällig und fast unbemerkt hat sich nämlich eine neue Art von Inquisition breit gemacht: Was nicht wissenschaftlich bewiesen werden kann, wird bekämpft.

Ich werde jetzt nicht antreten, die Seriosität von spiritueller Energie und Göttinnen zu verteidigen, doch halte ich diesen politischen Pragmatismus für wirklich schädlich und gefährlich. Denn er radiert alle Strömungen aus, die mit Imagination und Trance, mit Fantasiereisen und Träumen zu tun haben. Und genau in diesen Bereichen der Feinwahrnehmung des nicht wissenschaftlich Messbaren entstehen die Träume, die die Wirklichkeit gestalten, die sich aus der Wirklichkeit der Natur speisen. Von diesen anderen Ebenen der Wirklichkeit springen Fantasiegewebe in die materielle Dimension. Ohne Traum keine Wirklichkeit.

Nun haben sich vor allem die Medien auf eine Form der Imagination und Evokation spezialisiert, die Unglück, Gewalt, Angst, Zerstörung projizieren. Es ist ja nicht so, dass die „reale", die „politische" Welt ohne Imagination, Fantasiebilder, Mythen und Magie auskäme. In der Werbung werden Wirklichkeitsfetzen mit Emotionen zusammengeflickt, die eigentlich nicht zusammengehören, aber eben gut funktionieren. Bilder, Versprechungen, Verlockungen führen potentielle KundInnen, potentielle Beute also, in Versuchung und Abhängigkeiten. Dagegen wirken mythische Bilder oder Göttinnen eher wie eine Verstärkung der eigenen Kraft, des eigenen Raums.

Wir, eine Gruppe Freundinnen, besuchen die Archäologische Staatssammlung in München. Die Leiterin der Abteilung für Idole und Göttinnen hat sich bereit erklärt, uns etwas über die Frauenbilder der Altsteinzeit, Jungsteinzeit und Bronzezeit zu erzählen und uns die Frauenidole zu zeigen.

Die „Rote von Mauern", etwa 80000 bis 150000 Jahre alt, ist in unserem Kulturkreis das älteste Zeugnis menschlicher Kunst. 150000 Jahre menschlicher Kultur – fast unvorstellbar! In kaum 2000 Jahren Patriarchat ist die Erde an den Rand der totalen Zerstörung getrieben worden. Wie kann es 148000 Jahre geschmeidig laufen, um dann so schnell so brutal in Endzeitstimmung zu kippen?

Welche Antworten es auch immer geben mag, wir werden sie vielleicht nicht mehr erforschen und mit archäologischen Fundstücken untermauern können, denn das Interesse, Frauenkultur zu erforschen, das in den Anfängen der Frauenbewegung überwältigend war, wird neuerdings durch die Parole „Matriarchate gab es nie" abgewürgt. Zwar tauchen immer wieder Fetzen von Einsicht und Erkenntnis auf, dass von Frauen regierte Länder oder matrilineare und matrilokale Gesellschaften in gediegenem Wohlstand lebten und besonders friedlich waren und sind, wie zum Beispiel heute noch die Mossi in China. Zwar gilt die Zeit der Pharaonin Hatschepsut als gute Zeit, zwar heißt es auf einem Tonplättchen aus

Karkamesch von der Regentschaft der Königin Kubaba, die im Lauf der Geschichte zur Göttin wurde, es habe „100 Jahre keinen Krieg“ gegeben, doch wer immer dieses Thema anspricht, wird sofort attackiert: Frauen sind nicht die besseren Menschen. Frauen machen auch Fehler (als habe jemand das Gegenteil behauptet). Frauenrecht gab es wahrscheinlich gar nicht. Und so weiter.

Während über Herrscher, Könige und Götter hemmungslos spekuliert werden darf, ist die Berührung mit den Frauen der Geschichte problematisch. Warum immer Frauen? Ja, warum wohl? Weil wir heute vor dem Problem stehen, dass Frauenkraft gebrochen, das Selbstbewusstsein, die Eigenmacht, die Lebenslust der Frauen unter patriarchale Machtverhältnisse gedrängt und entwertet wurde. Weil die weibliche Kraft versickert, wenn sie immer nur von männlichen Erwartungen definiert und gespiegelt wird, bis Frauen die Werte übernommen haben und im vorauseilenden Gehorsam sich selbst zensieren.

Übertrieben ist das? Ich spreche aus Erfahrung. Ich bin nämlich in meiner Familie so nicht erzogen worden, lebe meine weibliche Energie ungeniert, gelte aber als „schillernde Persönlichkeit“, als „Hammerfrau“, als „radikale Frauenrechtlerin“, als sei es unnormal, eine bewusste Frau zu sein. Ich werde wie eine Exotin bestaunt, oft auch zurückgedrängt, einfach weil ich meine Kraft als Frau so lebe, wie ich sie fühle, und nicht so, wie Mann sich Frau vorstellt. Es reicht mir nicht, „gleichberechtigt“ zu sein, die „gleichen Chancen wie Männer“ zu haben. Das ist mir zuwenig. Um es mit Gittas Klospruch zu sagen: Eine Frau, die so gut sein will wie ein Mann, hat einfach keinen Ehrgeiz. Oder noch anders formuliert: Der Raum, den ich einnehme, ist in der patriarchalen Gesellschaft weder definiert noch freigegeben. Mir reicht es nicht, auch ein paar Rechte zu haben und dann Ruhe zu geben.

Ich bin der tiefen Überzeugung, dass die größten Energiereserven die Energien von Frauen sind, die noch nicht einmal ansatzweise nach außen kommen und gelebt werden. Die Energie von Frauen aber ist das einzige, was die Erde und die Lebewesen auf ihr noch retten kann.

Frauen müssen aufhören, sich ständig kleiner zu machen, ihre Wertvorstellungen unter die von Vätern, Ehemännern, Freunden, Chefs, Mitarbeitern zu stellen, Zerstörer zu füttern und zu bemuttern, Frauen müssen sich ihrer Kraft bewusst werden und diese Kraft in die Gesellschaft einbringen, anstatt sich in Dschungelcamps, Swingergruppen, Discos, tödlich langweiligen Haushalten oder sonstigen gesellschaftlichen Anlässen den Konsumbedürfnissen irgendwelcher Männer zu unterwerfen und blöd zu kichern oder zu schluchzen, wenn klare Ansagen kommen müssten. Wenn Frauen nicht endlich anfangen, ihre Kraft zu leben, die Göttin in sich zu entdecken und ihr Raum zu geben, wird die Zerstörung der Erde schneller vor sich gehen, als wir alle wahrhaben wollen.

Die Kraft der Göttin ist in erster Linie eigenmächtig. Keiner schwätzt mir irgendwelche Produkte auf, keiner unterwirft mich, keiner schüchtert mich ein, keinem beuge ich mich. Wenn ein Argument nicht plausibel ist, landet es nicht in meinem Wertefeld. Das wäre der Ansatz der Göttin in einer Frau.

Zurück zum Museum. Das sind keine Göttinnen, sagte die Expertin über die Idole aus Anatolien, Zypern, aus dem Mittelmeergebiet und dem Irak, das sind einfach

Frauendarstellungen. Das ließ mich aufhorchen. Warum ist es so wichtig, dass das keine Göttinnen sind? Ich dachte daran, dass es ja immer heißt, unsere Gesellschaft habe keine Tabus mehr, alles sei möglich. Aber wenn eine „Matriarchat" sagt oder „Göttin", dann schlägt das ein wie eine Bombe, und alle Beteiligten bemühen sich um Schadensbegrenzung.

Während wir die kleinen und großen Frauenidole, Frauenfiguren bestaunten, hörten wir, dass es für diese Frauenkultur keine Zukunft gibt. Die Figuren werden nicht ausgestellt, sie liegen im Keller der Museen. Niemand hat ein Interesse, Frauenkraft durch sichtbare, greifbare Beweise zu stärken. Selbst Feministinnen winken ab, da es „nur" um spirituelle Kraft, um Göttinnen gehe. Die Göttin landet im Giftschrank des politischen Pragmatismus. Frauenrechte ja, Eigenmacht von Frauen bis in die feinstoffliche Ebene allen Seins nein. Zu abgehoben! Zu gefährlich! Wenn wir von der Göttin sprechen, machen wir uns doch lächerlich! Da werden wir von den Männern, von den Herrschenden, von der Wissenschaft nicht mehr ernst genommen.

Wissenschaftlerinnen, Politikerinnen, Journalistinnen, die seriös erscheinen wollen, besuchen zwar meine Seminare, kommen sogar zu mir nach Hause, wenn es aber um das Bild nach außen geht, beeilen sie sich, das Spirituelle als Aberglauben, als unpolitischen Zeitvertreib abzutun. Das ist nicht mein Problem, weil es meine persönliche Freiheit nicht einschränkt, doch zerstört diese Haltung von vornherein die Möglichkeit, den eigenen Raum wirklich zu erkunden, zu erfahren und zu leben, auf die Gefahr hin, dass dieser Raum völlig anders ist als der, den Männer uns bereitstellen. Bei der Formulierung „ich habe nichts gegen Feministinnen, aber…" sollten wir hellwach werden. Es gibt kein Aber. Die Erprobung unzensierter Frauenkraft ist kein Sonntagsausflug. Nur gelassene, wirklich freie Männer werden das aushalten, was von Frauen noch kommt. Und es wird kommen. Denn nur die Kraft der Göttin in einer Frau kann diesen Totentanz durchbrechen.

Mary Daly wies in ihren Büchern die Todessehnsucht männlicher Machthaber nach, die jede Frau leicht selbst überprüfen kann. Wenn eine die Diskussion auf kriegerische Auseinandersetzung bringt, gibt es immer Männer, die sagen: Nichts als Frieden, das wäre aber auch langweilig. Singend und lachend zogen im ersten Weltkrieg selbst Intellektuelle und Künstler in den Tod. Als Goebbels schrie: Wollt ihr den totalen Krieg?, erntete er Begeisterungsstürme, die erst im Bombenhagel erstickten.

Massenhaft ziehen junge Männer auch heute überall in den Krieg, angestachelt auch von Frauen, die den letzten Rest Verstand verloren haben, weil sie der eigenen Kraft so entfremdet wurden, dass sie nicht einmal mehr wissen, was sie selbst wollen, weil sie gar nichts wollen dürfen. Um Zerstörung und Krieg zu stoppen, müssen die Frauen aufwachen und die Loyalität zu ihren Beherrschern abstreifen. Die Göttin in jeder Frau zu wecken, zu leben, das Leben zu feiern und zu heilen ist der einzige Weg, nicht – buchstäblich – mit Mann und Maus unterzugehen.

Die Konsumgesellschaft bedingt es, dass Werte und Impulse außerhalb gesucht werden, dass wir den Kontakt zu uns selbst, zur Erde, zur Natur, zu den Elementen mehr und mehr verlieren. Schon sitzt eine ganze Generation nicht nur viel zu lange in der Schulbank, sondern vor Computern, Computerspielen, Simulationen, Fernsehern und Großbildschirmen. Viele Kinder sind durch Impulstechnologie schon so sehr geschädigt, dass sie die natürliche Beweglichkeit verloren haben, zum Beispiel nicht mehr rückwärts gehen, keinen Purzelbaum mehr machen können.

Missempfindungen werden durch Konsum besänftigt. Frustration wird durch Suchtmittel besänftigt. Frustration ist vielleicht der stärkste Auslöser der Umweltzerstörung und damit des Klimawandels. Ersatzbefriedigung wird nötig, weil die einfachen Sehnsüchte und Bedürfnisse nicht befriedigt werden.

Viele Frauen und Männer haben begriffen, dass es gar nichts bringt, wenn sie noch ein Kleidungsstück, noch einen Strandurlaub, noch einen MP3-Player kaufen – die Zufriedenheit bleibt aus. Sie gehen dem Gefühl nach, das sich nicht durch immer neue Konsumangebote niederknüppeln lässt, und entdecken diese alte Sehnsucht nach Heilung, nach dem satten Gefühl, das aufkommt, wenn eine in sich ruht und spürt, sie ist etwas Besonderes. Die Göttin ihres Lebens und ihres Reichs.

Diese Abenteuerreise nach innen auf den Pfaden der eigenen Spurensuche führt gleichzeitig nach außen zu den Wesen der Natur, zu den Elementen und in die Ebene der Traumzeit. Alles geschieht gleichzeitig. Alles kann nebeneinander, miteinander existieren, der hellwache Zustand des Forschens, die Organisation des Alltags, das entspannte Einsinken in Erinnerung und Erfindung, der Tanz in die Traumzeit, wo sich Unvereinbares verbinden lässt, wo die Quelle der Kraft zu finden ist, das Wasser des Lebens, der Apfel der Erkenntnis. Im wahren Leben, da wo Frau Göttin ist, ist alles eins.

Frauen kokettieren gern mit den wilden Kräften, mit den zornvollen Göttinnen – vielleicht weil sie selbst oft keinen Mut haben, ihren Zorn zu leben. Zorn ist tabu, wird unter den Teppich gekehrt, bis jemand drüberfällt. Ganz ungefährlich ist diese kokette Annäherung an eine mächtige wilde Kraft allerdings nicht. Wer die Percht ruft, sollte wissen, dass sie ihr Gesicht mit ihren Haaren verhüllt, weil eine Frau, die vor einer Spinne oder einer Maus zusammenzuckt, Kakerlaken und Schaben eklig findet und sich mit Verwesung und Tod nicht beschäftigen mag, das Gesicht der Percht nicht ertragen würde. Mit den wilden Göttinnen kommt Klarheit, Entschiedenheit. Die schönen bunten von Werbung und Medien so aufdringlich angebotenen Schleier werden mit einem Mal zerrissen, die blanke Wirklichkeit der Zerstörung winkt dir zu. Schön, wenn du da deinen Humor nicht verlierst und hingehen kannst, wo du noch etwas zu lachen hast.

Ich rufe die Adlerin – schön gesagt, aber wenn sie einmal da ist, die Adlerin mit den scharfen Augen, macht sie Beute, und die Frau, die gerufen hat, möchte vielleicht gern verheimlichen, dass sie nichts lieber täte als sich auf das zu stürzen, was sie braucht, was sie haben will und muss. Aber das wird verdrängt, dafür sagt eine dann vielleicht: Ich brauche nicht soviel! Gib es den anderen! Ich will helfen! Ich will Not lindern! Ich rufe Frieden für alle Frauen. Das klingt schön! Doch wer an der Oberfläche kratzt, wird schnell merken, dass eine ganz andere Sehnsucht dahinter steckt! Wenn ich das Gute rufe, bin ich eine gute Frau, tue ich das Richtige. Wirklich? Könnte ja sein, dass jede Frau für sich selbst entscheidet, was sie braucht, dass nicht alle Frauen Frieden wollen. Dass eine vielleicht sagt, ich will nichts für mich, aber ihr Herz ist voll Sehnsucht – immer zuwenig, nie genug Mut, um zu fordern, weil sie nicht egoistisch sein will, weil ihre Gehirnwäsche noch aktiv ist. Aber dahinter steckt Hunger, Gier – nach Leben, Lust, Geld, Wohlstand.

Tacheles reden – das ist die Wahrheit der dunklen Göttinnen. Nicht was dein Mund ruft, kommt, sondern was dein Herz ruft. Neid, Rache, kleinliche Aufrechnung. Enttäuschung. Die Wahrhaftigkeit ist das Segel der dunklen Göttinnen.

Percht ist die Seelenführerin im Alpenraum, die alte Muttergöttin Berta, Prechta, Bertl. In ihrem Gefolge kommen die Truden, die wilden Elementarwesen, denen brave Frauen ein Grauen sind. Mit ihnen kannst du nicht vernünftig reden. Sie hören nicht auf Sätze, die du vielleicht im Rhetorikkurs, bei deinem Mann oder in der Schule eingetrichtert bekommen hast. Sei wahrhaftig und klar, und schon bist du in wirklicher Verbindung mit ihnen.

Doch wenn du mit wilden, dunklen Göttinnen in Verbindung gehst, riskierst du, von deiner Umgebung nicht mehr verstanden zu werden. Was ist denn in dich gefahren? Wieso bist du denn plötzlich so knallhart?

So wurde aus Luzia, der Lichtgöttin, die „blutige Lutzl“, die Böse, die Schreckliche. Dabei ist ihr Blut das Blut der Frauen. Alles ganz normal. Aus Kali, der Hebamme in Leben und Tod, wurde die Kinderfresserin. So sind die Menschen: Sie opfern der Göttin kleine Kinder, und dann bezichtigen sie Kali der Grausamkeit! Baba Yaga hält sich mit kleinkarierten Vorwürfen auch nicht auf. Wenn du nicht absolut gut drauf bist, brauchst du dich zu ihr gar nicht auf den Weg zu machen. Sie trägt dir sinnlose Rätsel und Aufgaben auf, und wenn du dich beklagst, wirst du ein Teil ihrer Architektur, ein Stückchen Gartenzaun aus Knochen, das Gartentürchen vielleicht...

Überhaupt das Jammern! Die Welt geht unter! Wir werden vergiftet! Die Luft wird immer dreckiger! Das Leben ist so kompliziert! Den dunklen Göttinnen kannst du damit nicht imponieren. Nimm dein Leben in die eigenen Hände! Wie komme ich an Geld? Wie bekomme ich den Mann? Wie werde ich ihn los? Wie schaffe ich es, zu arbeiten und zu leben, wie ich will? Lass dir was einfallen, dann kannst du in den Kreis der dunklen Göttinnen springen und mit ihnen tanzen. Dann stampfen sie Blüten aus kargem Boden und spielen wundervolle Musik auf Knochen, dann kannst du in den Gesang der wilden Wesen einfallen und singend dein Leben neu träumen.

Nachts sitze ich in der schützenden Dunkelheit des Waldes und lausche auf das feine Flüstern und Wispern der Bäume. Meine Augen fallen in die Dunkelheit des Himmels. Die Dunkelheit ist mein Trost, mein Entzücken, mein Ursprung. Die Farbigkeit der Welt ist meine Unterhaltung, meine Ablenkung. In beiden Ebenen nähre ich mich, beide brauche ich. Die Göttin meines Herzens ist schwarz, in der Dunkelheit feiere ich sie. Lichtlos, farbenlos zieht sie mich zu sich, lässt mich im Universum tanzen, bedeckt meine Augen und lässt die anderen Sinne aufblühen. Ich feiere die Welt in ihren Farben und die Göttin in der Dunkelheit des mondlosen Nachthimmels.

AUF DER SPUR DER TIERE

Ich stieg in meine Badewanne, um kalt zu duschen, wie ich das seit Jahren mache, mit erstaunlicher Wirkung übrigens, ich bin kaum noch erkältet, und meine Haut fühlt sich wunderbar an. Da sah ich es: ein Silberfischlein. Man sieht sie nicht oft. Sie huschen davon, wenn das Licht angeht, Stimmen hörbar werden oder sie den Blick einer Person auf sich fühlen. Mit den Kakerlaken sind sie die ältesten lebenden Arten auf der Erde. Die Ratten sind jünger. Schafft man es, ein Silberfischlein anzufassen, was fast unmöglich ist, weil sie sich so schnell davonmachen, stirbt es auf der Stelle. Keine Kollaboration mit den Zerstörern. So haben sie ein paar Milliarden Jahre überlebt.

Obwohl Kakerlaken, Silberfischlein und Ratten so alt und so interessant sind, will kein Mensch mit ihnen zu tun haben. Auch die Punkbewegung pflegte ihre Kontakte ja nicht mit Wanderratten oder Hausratten, sondern mit hübsch sauberen gezüchteten Laborratten. In den Designerwohnungen meiner grünen Freundinnen und Freunde finden sich Bilder von Walen, Wolfsgeheul auf CD, Plakate von Tier- und Naturfilmen. Kakerlaken, Ratten und Silberfischlein suche ich vergebens. Weil sie „Schädlinge“ sind, unhygienisch und bedrohlich.

Wollen wirs nicht übertreiben: Das unhygienischste und bedrohlichste Wesen auf diesem Planeten ist der Mensch selbst. In seinem Wahn, Kleinlebewesen ausrotten zu wollen, hat er so viele Netzwerke in der Natur zerstört, dass es auf den Wal und den Delphin jetzt auch nicht mehr ankommt. Doch was Tiere betrifft, haben wir Menschen eine klare Vorstellung von gut und böse.

Wenn im strahlenden Morgenlicht am Bodensee das Flugzeug startet, um Schädlingsbekämpfungsmittel über die Obstplantagen auszugießen, schließen die Menschen ihre Fenster und halten die Kinder an, nichts vom Boden aufzuheben und um Himmels Willen keine Äpfel von den Bäumen zu pflücken, die mit ihrer Giftladung nachher in den Geschäften ausliegen wie die Ware der Stiefmutter Schneewittchens. Da ist kein Wurm mehr drin, kein Käfer, keine Fliege macht sich an dieses Obst.

Wie konnte es so weit kommen, dass der Wurm zum Feind wurde? Dürfen Käfer keine Äpfel mögen? Dürfen Fruchtfliegen, die sich nur in zwei Genen von Menschen unterscheiden, wie uns Frau Nüßlein-Volhard beibrachte, nicht leben? Mit groß angelegten Giftkampagnen walzen „Entwicklungshilfeprojekte“ durch afrikanische Länder, um Mücken und Heuschrecken auszurotten. Seitdem gibt es endlich auch in Afrika Menschen mit Hautkrebs und Darmproblemen.

Das Problem ist wieder die im Patriarchat so in Mode gekommene Linearität von hier nach da. Ich habe ein Problem entdeckt, ich haue drauf. Dummerweise liegt neben diesem Problem ein weiteres, das ich gar nicht gesehen hatte. Weg auch mit dem. Jetzt fehlt aber etwas, ich erzeuge es künstlich. Das Künstliche schadet nun aber dem Natürlichen, also alles einsprühen, damit sich das Natürliche an das Künstliche anpasst. Diese Einfältigkeit der Wissenschaft hat dazu geführt, dass die Vielfalt der Natur fast ausgerottet war, als man entdeckte, dass sie eigentlich notwendig ist. Wissenschaftler arbeiten sich von Erkenntnis zu Erkenntnis oder sagen wir, von Vermutung zu Vermutung. Die dabei zerstörten Zusammenhänge sind nicht mehr zu heilen.

Ich muss mit dir sprechen, sagt das Silberfischlein in meiner Badewanne.

Ich bin bereit, sage ich.

Habe ich dir irgendwas getan? fragt das Silberfischlein.

Nicht dass ich wüsste, sagte ich.

Warum putzt du dann deine Badewanne mit so einem scharfen Zeug, meine Kinder schreien.

Daran habe ich überhaupt noch nicht gedacht, sage ich.

Ich kann mir nicht vorstellen, dass das für dich gesund ist, sagt das Silberfischlein. Wenn es uns schadet, muss es doch mit dir auch etwas machen.

Darüber habe ich nicht nachgedacht, als ich die Badewanne putzte, sage ich und schäme mich.

Solltest du aber, sagt das Silberfischlein. Ich tu dir nämlich nichts und schade dir nicht, warum also willst du mich und meine Familie töten.

Will ich nicht, sage ich bestürzt. Ehrlich.

Dann hör auf damit, sagt das Silberfischlein und gleitet in den Abfluss.

Das Silberfischlein weiß nichts über religiöse Gehirnwäsche, über das Reinheitsgebot der Kirche, das Millionen Menschen zu chemischen Waffen greifen lässt, die die Industrie liefert. Weg mit dem Schmutz, die Sünde abwaschen, büßen und rein werden!

Die Industrie kam schon immer gern im Schlepptau der Missionare. Die frommen Männer reisten in ferne Länder, räumten dort mit den Dämonen, Teufeln, Tieren und den lockeren Sitten auf, die Wissenschaftler erforschten, was gut funktionierte, zum Beispiel Heilmittel. Die Industrie stellte das künstlich her und verkaufte es an die Menschen, die nun ihr letztes Geld geben mussten, um ihre alten Heil- und Nahrungsmittel im neuen, giftigen Kleid zu bekommen. Denn das ist ja auch klar: Wo Mission und Industrie waren, wächst kein Gras mehr.

Statt Kinkeliba, dem gesunden Tee aus dem Busch, wird jetzt der teure Nescafé getrunken, danke, Herr Clooney. Statt der wie Unkraut wachsenden Heilpflanze mit den dicken fleischigen Blättern, die mit Gift verdrängt wird, damit sie den Autoverkehr nicht stört, gibt es jetzt Tabletten und Cremes. Nach zwei, drei Generationen ist die alte Heilkunst, sind die heilenden Pflanzen, Wurzeln und Hölzer ausgerottet, vergessen. Die Menschen winden sich in Schuldgefühlen, die ihnen die Kirche gebracht hat, und kaufen die teuren Produkte, die ihnen Industrie und Handel anbieten. Gelegentlich kommen über die „Entwicklungshilfe" auch Medizinfetische mit abgelaufenem Verfallsdatum. Der natürliche Kreislauf ist unterbrochen, zerstört, Produktion, Handel, Profitmaximierung sind an seine Stelle getreten. Und natürlich Müll, jede Menge Müll.

Seit meiner Begegnung mit dem Silberfischlein beschäftigt mich die Vorstellung, was die Silberfischleinfamilie da unten verträgt und was nicht. Molke und Zitronensaft scheinen ihnen nicht soviel auszumachen. Forscher wissen, dass Silberfischlein, Kakerlaken und Ratten praktisch nicht auszurotten sind, warum also den Versuch machen, sie zu vergiften und zu töten? Kakerlaken sind für den Menschen kein Problem, sie greifen nicht an, sie sind so dezent, wegzulaufen, sobald Licht gemacht wird oder sie die Vibrationen menschlicher Schritte spüren.

In dem Londoner Krankenhaus, in dem meine Schwester einmal lag, rieten die Schwestern den Patientinnen, wenn sie nachts in die Küche gingen, um sich Tee zu holen, zuerst das Licht anzumachen und ein paar Sekunden zu warten, damit die Kakerlaken weglaufen konnten.

Der Horror, den Menschen vor Kakerlaken und Silberfischlein empfinden, kann sich unmöglich aus einer realen Gefahr oder Bedrohung nähren, hygienetechnisch sind sie kein Problem. Oder sagen wir: Das Problem ist der Mensch mit seinen Abfällen, seinen Speiseresten, dem Nährboden, den er freiwillig zur Verfügung stellt.

Ratten halten sich am liebsten dort auf, wo Nahrungsreste weggeworfen werden. Unsere Überflussgesellschaft liefert soviel Nahrung, dass die Rattenpopulation in den Städten mindestens doppelt so groß geschätzt wird wie die menschliche. In afrikanischen Dörfern gibt es keine Ratten, weil nichts weggeworfen wird. Die Buschratten, die im Busch leben, ernähren sich vegetarisch. Doch auch von den Ratten, die mit uns leben, können wir viel lernen. Sie gehen keine Bündnisse mit Zerstörern ein, sie leben in Clans, die von weiblichen Alphatieren geleitet werden, sie verarbeiten ihre Erfahrungen zu Clanwissen.

Auch die Erde, gern Dreck genannt, ist nicht wirklich ein Problem, gefährlich sind die Substanzen, die chemisch synthetisch erzeugt, die Erde verseucht haben.

Die Leute von Greenpeace und anderen Naturschutzorganisationen wissen natürlich sehr genau, warum sie als Symboltiere für ihre Bewegung nicht die Ratten wählen. Niemand würde diesen Organisationen mehr beitreten wollen. Dabei gehören Ratten zu den überlebensfähigsten Wesen auf dem Globus, sie haben eben schlechte PR.

Was der Mensch der Erde angetan hat, schiebt er auf die Ratten. Da sind wir beim zweiten Problem nach der Linearität: die Einteilung in Gut und Böse. Ratten werden zu den Bösen gezählt und haben kaum Chancen, aus dieser Verbannung entlassen zu werden. Delphine sind auch Räuber und fressen Fische, manchmal sogar die eigene Brut. Das ist ihre Angelegenheit. Ich wüsste nicht, was ich daran kritisieren müsste. Menschen, die Delphine idealisieren, blenden das aus. Aber warum, so ist die Natur. Dazu müssen wir keine Meinung haben. Wir können es akzeptieren, weil es weder gut noch böse ist, doch ist es nicht auch die Sache der Ratten, von dem Müll zu leben, den die Menschen so großzügig bereitstellen?

Wölfe, die neuen Lieblinge spiritueller Frauen, sind gnadenlose Räuber. Doch sie haben es in die Liste der lieben Tiere geschafft, also sind die Frauen bereit, einen Honigmantel um das Thema Wolf zu schlabbern. Selma Lagerlöf schrieb eine Weihnachtsgeschichte, in der eine Familie nach der Messe mit dem Pferdeschlitten nach Hause fährt ins abgelegene Gehöft und von Wölfen verfolgt wird. Die Eltern werfen das Neugeborene aus dem Schlitten, um den Rest der Familie zu retten, die flüchten kann, während die Wölfe das Baby zerreißen.

Ich erwähne das nicht, weil ich Wölfe in die Kategorie „böse Tiere“ abschieben will, sondern um zu zeigen, dass es völlig widersinnig ist, Tiere zu verhätscheln und ihre Natur nicht zu sehen. Es geht nicht darum, dass wir einzelne Tiere lieb finden und mit ihnen zärtlich umgehen, es geht darum, die Natur, auch die Natur der Tiere zu respektieren und zu akzeptieren, dass sie da sind, ob uns das passt oder nicht. Sie brauchen unsere Liebe genauso wenig wie die Flinte, die sie abknallt. Wir allerdings sind darauf angewiesen, dass wir lernen, sie zu verstehen.

Jäger rechtfertigen das Abschießen von Füchsen und Wildschweinen damit, dass sie sich über die Maßen vermehren und so zu Schädlingen werden. Das sagen ausgerechnet Angehörige der Art, die sich so stark vermehrt hat, dass die Erde ins Taumeln gerät. Füchse haben die Fähigkeit, ihre Population so zu regeln, dass nie zu viele in einem Gebiet leben. Wenn Jäger in diese Geburtenregelung eingreifen, erreichen sie nur, dass aus Furcht, ausgerottet zu werden, mehr Nachkommen produziert werden.

Überall wo der Mensch eingreift, gerät etwas aus dem Gleichgewicht. Überall wo der Mensch aufhört, mit seinem Halbwissen herumzupfuschen, pegelt die Natur sich wieder ein. So wird es auch sein, wenn der Mensch verschwunden ist. Alles wird wieder wachsen und leben, sich anpassen, sterben, verschwinden. Aber solange es uns gibt, wäre es sinnvoll, Tiere und Pflanzen zu respektieren, verstehen zu lernen. Muss eine deshalb gebeugt barfuß über die Erde gehen, um jedes kleine Lebewesen vorsichtig zu entfernen, damit es ihr Fuß nicht zertritt? Blödsinn. Das Wichtigste ist, wahrzunehmen, was um uns herum lebt. Dann kommt es vielleicht zu Kommunikation, zu Verbindungen, die sonst undenkbar scheinen.

Seit ich begonnen habe, Lebewesen wahrzunehmen und mit ihnen Kontakt aufzunehmen, mache ich die wundersamsten Erfahrungen. Eine Fliege hört plötzlich auf, sich zu putzen, und schaut mich an, eine Mimose, die ich mit der Zunge berühre, rollt ihre Blätter nicht ein. Ein Vogel, der meine Aufmerksamkeit spürt, fliegt her und beginnt in meiner unmittelbaren Nähe zu singen.

Sie sind nicht meine „Helfertiere“ – auch so eine Instrumentalisierung von Tieren in der schamanischen Praxis (in diesem Zusammenhang möchte ich gern auf das Kapitel „Welches Tier steckt in dir“ in meinem Buch „Auf der anderen Seite der Haaresbreite“ hinweisen). Zwar ist es schön, ein Helfertier zu haben, aber die Einteilung in Tiere, die mir helfen, und Tiere, die mir nicht helfen, und damit verbunden in „gute“ und „schlechte“ Tiere, bringt uns sehr in die Nähe der „Milchkuh“, des „Schlachtviehs“, der „Nutztiere“, des „Brotgetreides“ und damit auch des „Verbrauchers“. Alles wird in nützlich oder unnütz eingeteilt. Das Nützliche wird gepflegt, das Unnütze ausgerottet.

Auch die schamanischen Traditionen arbeiten mit Gut und Böse. Als ich in „Eine Göttin für jeden Tag“ schrieb, „Demons are a girl's best friend“, wurden die Frauen gleich sehr unruhig. Geht das etwa in Richtung Satanismus? Quatsch. Es geht in Richtung: Alle Kräfte sind da. Nimm sie wahr, gleite durch die Energiefelder, knüpfe Verbindungen, urteile nicht, verdamme nicht, lass dich nicht unterwerfen, lass dich nicht zerstören.

Die Überraschung ist, dass nicht die Wölfe, Dämonen, Kakerlaken oder Ratten einen Menschen zerstören wollen, sondern der Mensch. Sogar Bakterien und Viren sind harmloser als die Vernichtungsstrategien der Menschen. Während alle Welt über die Zerstörungskraft von Viren klagt, führen Menschen Kriege, rotten Völker aus, machen das Land unbewohnbar. Das AIDS-Virus, von Menschen gemacht, von Menschen verbreitet, kann eine solche Macht nur haben, weil Menschen so uferlos und unbewusst sind. Wer immer nur in Dimensionen von Gut und

Böse, von Krieg und Frieden denken kann, hat überhaupt nichts verstanden. Alles Lebendige ordnet sich ständig neu, schafft immer neue Verbindungen. Wir tun gut daran, Teil dieser Verbindungen zu sein, sonst fallen wir aus dem Netzwerk des Lebendigen heraus.

Eine Firma, die Desinfektionsmittel herstellt, wirbt mit einem Handabdruck, auf dem Milliarden Kleinstlebewesen, „Erreger", krabbeln, in der Pariser Metro für ihr Produkt, als ob wir irgend etwas gegen die Populationen auf und unter unserer Haut unternehmen könnten. Wir sind bewohnt, daran ändert kein Desinfektionsmittel etwas.

Da sind doch die Märchen genauer: Geh deinen Weg unbeirrt, nimm wahr, schau hinter die Spiegelung, lass dich von den Höllenhunden nicht erschrecken, nur wenn du Angst hast, greifen sie dich an. Geh bis ins tiefste Innere der Höhle, wo der Schatz liegt. Der Schatz wartet auf dich, auf mich, auf alle. Die Wiederentdeckung der Wildnis, die Freundschaft mit allen Wesen.

Der Weg ist gesäumt mit Putzmitteln aller Art, mit Aufforderungen, sauberer, reiner, weißer zu putzen und zu waschen. Die Lautsprecher drohen mit dem Verlust von Arbeitsplätzen, von gesellschaftlicher Akzeptanz, wenn du nicht parierst.

Denk an die Lebewesen, die dich bewohnen, du bist ihnen ein natürliches Ambiente schuldig. Mag die Putzmittelfirma auch behaupten, die kleinen Wesen seien gefährlich und müssten ausgerottet werden – Tatsache ist, ob du nun gut oder schlecht mit ihnen umgehst, du wirst sie nie los. Das kleine Volk, die kleinen Leute erwarten von dir, dass du ein Gleichgewicht herstellst, in dem alle sich wohlfühlen können.

ELEMENTARES

Aus der esoterischen Bewegung ist zu hören, dass die Erde ein lebendiger Organismus, ja Gaia selbst, die Göttin ist. Dass Wasser eine Energie, eine Erinnerung hat, dass das Feuer intelligent ist und die Luft voller Botschaften.

Ebenso oft feuert die Wissenschaft zurück, das sei Blödsinn und tausendfach widerlegt, aus romantischen Träumereien heraus dächten Menschen sich all das aus, weil sie sich der Realität nicht stellen wollen.

Welcher Realität? Sprechen wir von der wirtschaftlichen, die sich um Profite kümmert, Gewinnmaximierung als einzig erstrebenswerte Energie anerkennt und deshalb natürlich in Wasser, zum Beispiel im kostbaren Trinkwasser, das Maschinen kühlt, keine Intelligenz am Werk, sondern nur Nutzen oder Gefahr sehen mag. Allerdings kommen in dieser wirtschaftlichen Realität auch keine Kinder vor, denn sie halten den Betrieb auf. Sie sind genaugenommen echte Wirtschaftsbremsen. Geschätzte zwanzig Jahre kosten sie eigentlich nur Geld, ohne dass irgendein Gewinn herausspringt, sehen wir davon ab, dass man sie natürlich an die Werbung, ans Fernsehen, an Pornohändler und Bordelle verkaufen kann. In dieser Realität, bei uns „freie Marktwirtschaft“ genannt, gibt es keine Botschaften aus Wasser, Erde, Feuer oder Luft. Die Botschaft, die aus dem Wasser oder dem Wind gelesen wird, heißt Wasserkraft oder Windenergie. Auch grüne Politik muss sich ja zunächst am Menschen orientieren und den Nutzen abwägen.

Es gibt die Realität der politischen Entscheidungen, sie besteht aus Konferenzen, Papieren, Arbeitsgruppen, Notwendigkeiten und pragmatischen Beschlüssen. In dieser Realität hört man gelegentlich sogar von Elementen, Naturschutz oder Kinderschutz. Die Zusammenhänge, in denen davon die Rede ist, lassen erkennen, dass die Situation düster ist. Noch nicht düster genug wohl. Tsunami-Katastrophen kommen so bei uns noch nicht vor. Wenn Hamburg einmal das Schicksal von New Orleans ereilen sollte, wird die deutsche Regierung wohl nicht wie Präsident Bush zur Tagesordnung übergehen. Doch geschieht auch nichts, um dergleichen zu verhindern.

Oder sprechen wir von der Realität der arbeitenden Bevölkerung. Leider hat sie kaum die Möglichkeit, Elemente näher kennen zu lernen. Der Druck, der Stress, die Sorge ums Überleben in einem kalten und sehr teuren Land fressen Energien auf. Da bleibt keine Muße, um sich auf dieser Welt genauer umzusehen.

Und immer ist da das Wasser. Plötzlich ist es da und macht sich bemerkbar. Alles fließt. Das merkt man am schnellsten, wenn es nirgendwo eine Toilette oder ein Wäldchen gibt, einen einsamen Ort in der Natur, wo man es fließen lassen kann. Allgegenwärtig ist das Wasser. In den Flüssen, in den Seen, im Meer, im Körper, im Himmel. Es schmiert die Körper der Säugetiere und der Menschen, es trägt die Körper der Fische und der Wasserbewohner, es strömt durch Adern, Kanäle, Wasserwege, Flüsse. Es bahnt sich seinen Weg, und auf diesem Weg trägt es Milliarden von Lebewesen hierhin, dorthin, reinigt Körper und Räume, sickert in Höhlen und Löcher, strömt durch Poren, Ritzen und Öffnungen, reißt alles mit sich fort, wird ganz klar und rein und wieder schmutzig, giftig, verseucht. Wasser steigt in die Luft auf und wandelt sich, beobachtet in Wolkenform das Erdgeschehen und die Wesen auf dem Erdkörper, lässt sich vom Wind tragen und schütteln, spielt mit der Luft, fällt in Sturzbächen oder sanftem Nebelhauch, in feinem Regen oder wildem Hagel zurück auf die Erde. Wasser ist die Essenz des Lebens, von der Erde getragen, vom Feuer verdunstet und in den Himmel gezogen, vom Wind bewegt.

Der Kreislauf des Wassers, das Spiel der Elemente ist alles, der Mensch ist darin eingebettet und oft genug in die elementare Wucht machtlos hineingeworfen. Forschung und Technik haben zwar viele elementare Prozesse berechenbar gemacht, doch zeigt sich bei allen Naturkatastrophen, dass menschliches Eingreifen, Technik, Intelligenz nichts vermögen gegen die Launen der Natur, gegen ihre Reaktion auf Zerstörung und Vergiftung. Und doch gibt es immer wieder Signale dafür, dass Kommunikation zwischen Menschen und Elementen stattfindet und Menschen auch retten kann.

Als die große Überschwemmung ganze Teile Ostdeutschlands unter Wasser setzte, gab es ein kleines Dorf, dessen BewohnerInnen sich weigerten, evakuiert zu werden. Die Elbe hatte sich unmittelbar vor dem Dorf geteilt, zwei breite Ströme umgaben die Häuser, in deren Gärten die Menschen standen und sangen. Die Prognose war schlecht. Immer wieder fuhren Rettungseinsätze mit Schlauchbooten die Gartenzäune an und versuchten die Menschen zur Flucht zu bewegen. Sie blieben, und das Wunder geschah: Gegen alle Prognosen überflutete das Wasser die Häuser nicht.

Als Ute Schiran noch nicht lange in Portugal lebte, gab es eines dieser verheerenden Feuer, die sich wegen der Eukalyptusplantagen besonders schnell ausbreiten. Die Frauen standen mit ihrem Notgepäck auf dem Hügel und sahen die Feuerwalze kommen. Sie drohte ihr Land und ihre Hütten zu zerstören. Als sie sich gerade entschlossen hatten zu gehen, erlosch das Feuer.

Ich saß am Strand in Lagos, Nigeria. Außer mir waren da nur weißgekleidete Sektenmitglieder, die singend und jodelnd immer wieder eine Hand voll Wasser aus dem Meer holten, um neue Sektenmitglieder zu taufen. Vergnügt sah ich ihnen zu. Dann stand ich auf und ging zum Ufer. Ich habe großen Respekt vor dem Meer, obwohl ich eine gute Schwimmerin bin, schwimme ich nur im flachen Teil, wo ich notfalls stehen könnte. Auch wenn das Meer ganz ruhig ist, fühle ich diese Urgewalt, die vom Rhythmus des Mondes genährt anschwellen und abklingen kann, die unkontrollierbar ist. Ich stehe also am plätschernden Rand des Meeres. Noch weiß ich nichts von einer Tsunami-Katastrophe, das wird erst zwei Jahre später geschehen. Wüsste ich davon, würde ich mich jetzt auf den Rückweg machen. Übermütig spucke ich ins Meer und sage: Komm doch. Plötzlich rollt eine Welle heran. Sie wird größer. Ich renne. Sie erwischt mich nicht, eine zweite baut sich auf, ich renne. Diese zweite wirft mich mit Macht auf den Sand und schleift mich zu Mami Wata, zur Meermutter. Ich kann mich aufrappeln. Die Sektenleute, die schon auf dem Nachhauseweg waren, stehen oben an der Straße und sehen entsetzt und starr zu. Ich laufe, bis ich das Meer nicht mehr sehen kann. Am nächsten Tag komme ich zurück, werfe Hibiskusblüten ins Meer und bedanke mich für die Erfahrung. Ich setze mich im Lotussitz ans Meer, das ist eine Geste des Vertrauens, denn bis ich die Beine entknotet hätte, hätte mich das Meer zu sich gezogen. Doch alles bleibt ruhig, fast scheint es, als ob die Wellen lächeln.

Dann kommt die Überschwemmung in Bayern, es regnet ohne Ende, und bei Oy und Eschenlohe nahe Garmisch gibt es eine Jahrhundertüberschwemmung. Die Menschen müssen ihre Häuser verlassen, einige alte Gebäude brechen unter dem Druck des Wassers, und etwas Merkwürdiges, Wundersames geschieht. Wie gebannt sitze ich vor dem Fernseher, als ein Feuerwehrmann das Unglaubliche schildert.

Die Loisach, die durch Eschenlohe fließt, wurde in den fünfziger Jahren begradigt. Ihr närrischer, kurviger Verlauf war den Ingenieuren ein Dorn im Auge. Sie bauten ihr ein neues Bett und zwangen sie, geradeaus zu fließen. Nun sagt dieser Feuerwehrmann, die Loisach habe sich an ihr altes Bett erinnert. Sie springt aus der Begradigung mit dem relativ hohen Damm, fließt durch zwei Häuser quer zum Flusslauf und springt in ihr altes Bett, das heute zum Teil eine Straße ist. Bald fließt sie genauso, wie sie früher geflossen ist, doch jetzt durch eine Straße, einen Garten, durch das Erdgeschoss eines Bauernhauses, über eine Wiese... Woher, frage ich mich, weiß das Wasser, wie sein Ahnenwasser vorher geflossen ist.

Es gibt nur eine Antwort: Das Wasser korrespondiert mit der Erde darunter, mit den Energie- und Wasseradern, mit den Felsen.

Seitdem unterhalte ich mich mit Wasser. Dazu setze ich mich an das Wasser, an dem ich seit zehn Jahren lebe. Die reißende Wilde nannten die Kelten sie, Isar. Sie plätschert dahin. Ich singe für sie, werfe Körner ins Wasser, sie sprudelt und plätschert. Dann kommt ein Tag, da hat sie Botschaften aus den Bergen aufgenommen, sie rast heran, tobt, springt auf Bäume und wirbelt um sie herum. Fast reißt sie die Brücken um. Ich rassle und singe. An meinen Kraftplatz kann ich nicht gehen, der ist tief unter Wasser, ich stehe auf der Brücke, und gar nicht so weit unter mir rollt sie durch, grollt. Als sie sich zurückzieht, hat sie einen Sandhügel dort aufgeschüttet, wo wir immer sitzen und Rituale feiern.

Die meisten Menschen, die sich für die Elemente und die Natur interessieren, kennen die Experimente von Emoto. Er hat Wassertropfen auf drehende Scheiben platziert und sie mit Musik bespielt, angeschrien, mit Geräuschen und Energien aller Art bearbeitet. Wer die Aufnahmen gesehen hat, spricht davon mit Erstaunen, Begeisterung, aber auch mit einer leisen Unruhe.

Was ist, wenn es stimmt und alles beseelt ist, alles auf alles reagiert? Wenn es eben nicht egal ist, ob wir glücklich oder wütend sind, ob wir respektieren oder zerstören. Was passiert, wenn die Elemente von uns die Schnauze voll haben? Gerade dreht sich die Energie unseres Planeten. In etwa zehn Jahren wird der Nordpol im Süden und der Südpol im Norden sein. Keine große Sache, meinen die Wissenschaftler, das passiert etwa alle fünfzehntausend Jahre. Doch vor fünfzehntausend Jahren gab es noch nicht einmal die Siedlungen und Ritualorte von Catal Höyük und Hacilar, von Göbekli Tepe oder Uruk, von Malta oder Stonehenge, was vor fünfzehntausend Jahren los war, als sich die Energie der Erde drehte, wissen wir nicht. Es ist so rätselhaft wie das, was nach dem Tod geschieht oder nicht geschieht.

Ich feierte mit Frauen ein Ritual im Wald in der Nähe von Würzburg. Der Tag war grau und windstill. Der Wald bestand aus langen dürren Kreaturen von Bäumen, Fichten, so wie die Industrie sie gern sieht. Ohne Äste, ohne Widerstand. Wir standen im Kreis und sangen und rasselten. Da geschah etwas Seltsames: Die Bäume unmittelbar um uns herum begannen zu rascheln und zu wogen. Doch da war kein Wind, und alle anderen Bäume blieben ruhig. Als wir aus dem Wald kamen, regnete es in Strömen. Wir waren trocken. Durch die dürren Wipfel der Fichten war das nicht zu erklären.

Würde man solche Experimente absichtlich machen, gebe es vielleicht gar nichts zu erleben oder zu erkennen. Die Elemente hätten vielleicht keine Lust zu reagieren. Aber dadurch ließe sich doch beweisen, dass sie leben, sagte eine Frau. Das wäre doch wichtig, um Wissenschaft und Politik zu beeinflussen. Ach so? Kinder leben auch. Ist die Wissenschaft oder die Politik davon besonders beeindruckt? Die Politik lässt Familien mit vierhundert Euro unter die Armutsgrenze rutschen, obwohl es sich um Menschen handelt, die sprechen und denken können und allgemein als echte Lebewesen anerkannt sind.

Wenn die Natur sich nicht wehrt, geht sie unter, so wie wir untergehen, meint eine Frau aus der Gruppe, mit der ich gerade ein Heilritual feiere. Sie könnte, wie alle anderen, vielleicht eine Überraschung erleben. Wer Elemente, Tiere, Pflanzen, Steine vermenschlicht, hat nicht begriffen, was Energie bedeutet. Manche Frauen glauben, die Natur werde sich mit den Guten verbünden und die

Schlechten wegräumen. Interessant, dass gerade in Deutschland diese Theorie so beliebt ist, wo doch unsere nähere Geschichte zeigt, wohin das führen kann.

Das Prinzip der Auserwählung ist zur Zeit im Esobereich der Hit. Allerdings halten sich die, die diese These verbreiten, nie für die nicht Auserwählten. Das ist ja klar. Bunker werden angelegt, Lebensmittelvorräte gehamstert, denn „die Erde wird zurückschlagen, und danach wird es wie nach der Sintflut keine Überlebenden geben, außer denen, die auserwählt sind", erzählt ein langhaariger Wurzelsepp, der selbstverständlich vorgesorgt hat. Zur Zeit fährt er allerdings noch in einem verrosteten Dieseljeep durch Bayern, verpestet die Luft und sucht nach anderen Auserwählten.

Wir sitzen an der Isar, es ist saukalt. Winter. Meine Tochter kommentierte das so: Was, bei der Kälte wollt ihr ein Feuer machen? Ich rufe den Wind. Plötzlich fährt ein Sturmwind daher, reißt das Feuer auseinander, treibt die Funken über den Fluss, das Wasser spielt mit ihnen, wirbelt sie hoch und schluckt sie. Der Wind ist da.

Ich stelle mich an einem windstillen Abend auf eine belebte Kreuzung und werfe Mehl in die Luft. Zuerst fällt es einfach zu Boden, dann kommt Wind auf, die nächste Handvoll Mehl fliegt in den Himmel, treibt auseinander und den Wolken zu. Kann die Luft hören? Fühlen? Erkennt sie mich? Ich weiß es nicht. Ich weiß nur, wenn ich den Wind rufe und er kommt, gibt es einen Moment von Verschmelzung. Er wirbelt durch meinen Körper, zieht mit dem Atem in die Lungen, ins Hirn, wirbelt meine Gedanken durcheinander, bringt mich zum Lachen und verlässt mich mit dem Ausatem wieder.

In den achtziger Jahren war ich mit meinem Freund und meiner Tochter in der Wüste Sahara unterwegs. Es war unsere dritte Reise durch die Wüste. Ich war von der Kargheit und Wildheit dieser Landschaft begeistert und fasziniert. Wenn wir uns zur Nacht niederließen, zog ich los, um die Erde unter mir zu spüren und vor allem das Wasser, das dort seit Urzeiten schlummert. Dann gab es einen Sandsturm. Er dauerte zwei Tage und strapazierte unsere Nerven zum Zerreißen. Eine Nacht blieben wir im Auto sitzen, weil wir kein Zelt aufstellen konnten. Die Temperatur fiel auf zehn Grad unter Null. Den Elementen vollkommen ausgeliefert, schmiegten wir uns aneinander, wenn wir nicht gerade einen Streit austrugen, der mit dem wilden Wind kam und wieder fortwehte. Es schien, als wolle der Sturm nie enden.

Unsere Situation glich der der Urmenschen. Wir hatten kein Haus, keine großen Vorräte, wir waren unterwegs und darauf angewiesen, dass wir uns mit den Elementen arrangierten. Der Sturm hörte auf. Wir erwachten in einer großen Stille. Vor uns lag das Sandmeer. Um uns herum Felsberge, die alle gleich aussahen. Es gab noch keine Geräte, mit denen man Sateliten anpeilen und sich orientieren kann. Wir hatten nicht mal einen Kompass dabei, und wir waren allein. Es war nicht so, dass die Erde zu mir sprach. Eigentlich merkte ich zuerst gar nicht, dass es eine Kommunikation gab. Ich sagte: Ich weiß, wie wir fahren müssen. Es war eine Art farbige Landkarte, die ich mehr fühlte als sah. Am Abend kamen wir zu einer Guelta, einer Wasserstelle, einem See mit Oleanderbüschen. Aus Dankbarkeit fütterte ich die Erde mit Knäckebrot.

Nun ist es aber nicht so, dass ich sagen will: Ich lernte also die Elemente kennen und kommuniziere seither mit ihnen, tut das auch und ihr seid gerettet. Was ich sagen will, ist: Meine Wahrnehmung öffnet sich immer mehr. Ich entdecke die Vielschichtigkeit von Energie und Kommunikation, und weil ich keine Wissenschaftlerin bin, kann ich einfach darüber sprechen, muss ich kein schlechtes Gewissen haben, wenn ich gerade mal wieder mit dem Wasser richtig gut kommuniziert habe, wenn ein See mich umarmt und küsst. Muss nichts nachweisen, keine These aufstellen und mit Reihenversuchen untermauern. Das wäre ja wie eine Freundin zu testen, die Freundschaft nach allen Regeln auszuloten, festzunageln und ihre Koordinaten zu bestimmen.

Es geht auch nicht darum, zu überleben, wenn alle anderen untergehen – wie bei den esoterischen Grüppchen, die sich für auserwählt halten. Ich habe einfach Freude an neuen Freundschaften, neuen Arten der Kommunikation. Achtung und Liebe, die daraus entstehen, halte ich für eine gute Voraussetzung, nicht gedankenlos zu zerstören, und damit für eine gute Existenzgrundlage für alles, was noch kommt.

Mit den Elementen, mit den Wesen der Natur zu kommunizieren, ist die älteste Grundlage des Zusammenlebens von Menschen und Landschaften, Pflanzen, Tieren. Im Technologiezeitalter ist kein Raum für Kommunikationsformen, die nicht messbar sind. Und doch gibt es nur diese eine Chance für uns, zu überleben. Wir müssen uns auf die Abenteuerreise ins Verstehen machen, horchen, zuhören, wahrnehmen, Botschaften entschlüsseln.

DIE WIEDERVERWILDERUNG DER WELT

An einem Wasserloch in Afrika tranken Gazellen. Sie waren völlig entspannt, obwohl eine Löwenfamilie in der Nähe war. Wir hatten einen umgebauten Lastwagen und konnten auf dem Dach, geschützt vor eventuellen Angriffen, alles beobachten. Ich war von den Gazellen fasziniert. Sie haben kein Haus, keinen Zaun, nichts, wo sie sich verstecken könnten. Sie leben mit ihren Jägern in einer Art Wohngemeinschaft. Tagsüber sind Löwen nicht so gefährlich, da sind sie faul und meistens auch satt. Das wissen Gazellen. Zu einem entspannten Leben in der Wildnis, in der Natur gehört also in erster Linie das Wissen um die Lebensgewohnheiten potentieller Gegner.

Während die Gazellen tranken, kam Bewegung in die Löwengruppe. Sofort hob eine Gazelle den Kopf. Gleich danach sprangen alle Gazellen davon. Sie liefen nicht weit, sie stressten sich nicht übermäßig. Ein Mensch würde sagen: Zwischen dir und deinem Gegner sind nur ein paar hundert Meter, willst du nicht weiter laufen? Nein, das Gesetz des wilden Lebens erfordert eben auch, Kraft zu sparen. Nicht mehr Energie als nötig aufzuwenden und sich von guten Futterplätzen und Wasserlöchern nicht zu weit zu entfernen, denn Futter und Wasser sind Voraussetzungen für schnelle Reaktion und Ausdauer.

Damals machte ich den vielleicht wichtigsten Lernprozess meines Lebens: Was schwach und verletzlich scheint, kann in Wirklichkeit stark sein. Das scheinbar Schwache sollte nicht unterschätzt werden. Und es ist gut, sich in

Erwartung der Gefahr nicht zu verkrampfen. So entspannt wie diese Gazellen wollte ich von nun an genießen, was es zu genießen gab, aber hellwach und reaktionsschnell auf jede Gefahr, jede Irritation, jeden Angriff reagieren.

Sie würden keine Sekunde zögern, wenn sie einen Angreifer ausmachten, nicht psychologisieren, diskutieren, abwägen, akzeptable Gründe für ihre Jäger finden. Sie würden sich sagen lassen, wie uncool es ist, ängstlich zu sein. Sie würden keine Schuldgefühle entwickeln, weil sie auf eine Gefahr kompromisslos reagierten. Selbstverständlich würden sie sich nicht entschuldigen und nichts erklären. So entspannt wie sie jetzt Wasser tranken, so entschlossen würden sie wegrennen, wenn Gefahr drohte. Ich beschloss, diese Gazellen zu meinen Wächterinnen zu machen. Ich würde auf ihre Zeichen achten und von ihnen lernen.

Die Begegnung mit den Gazellen und mit meiner Kraft führte zu einer Verwilderung meines Lebens, die ihren vorläufigen Höhepunkt darin fand, dass ich einem Mann, der mich in der Einsamkeit der Berge anquatschte, nicht höflich antwortete, sondern nur knurrte. Mit durchschlagendem Erfolg. Weniger Energie brauchte ich noch nie, um meine Ruhe zu haben. Wer mich stört, muss die Reaktion aushalten. Die Reaktion orientiert sich an dem unmittelbaren Gefühl, das jemand auslöst. Wir alle haben gelernt, aus Höflichkeit zu lügen, zu verdrängen, Angst, Irritation, Unruhe zu überspielen. Wir wahren den Schein und behalten die Maske auf dem Gesicht bis zur Katastrophe. Geht trotzdem etwas schief, sind die anderen verantwortlich.

Mit einer Person, die mir zutiefst unangenehm ist, einen höflichen Kontakt aufrechtzuerhalten, verspannt mich bis in die Tiefen meiner Wirbelsäulenmuskulatur. Hände und Füße werden kalt, Magenschmerzen können sich einstellen. Wenn ich aber dieser Person klar mache, dass es für mich keinen Sinn macht, den Kontakt aufrecht zu erhalten, weil ich nicht das geringste Interesse daran habe, richten sich mein Körper, mein Geist, meine Seele in dieser Klarheit aus. Aaah. Endlich die Wahrheit gesagt. Das befreit mich auch in Zukunft vor energieaufwendigen Begegnungen. Vielleicht habe ich auf diese Weise eine Gelegenheit verpasst, eine Begegnung verhindert, einen Job verloren. Aber ich gehe lieber fröhlich putzen als verkrampft und bedrückt viel Geld zu verdienen. Klarheit über die eigenen Gefühle, Energiebilanz und Machtverhältnisse ist der erste Schritt zur Wiederverwilderung.

So wie das Reh sich den Luchs nicht schönreden wird, so hübsch er auch aussehen mag, werde auch ich mir räuberische Energie nicht durch ein Etikett entschärfen lassen. Dabei ist es schon wichtig, Bilanz zu ziehen, wer was von mir will und was das ist. Die meisten Interessenten wollen an mein Geld. Sie sagen es zwar genau anders herum: Wir helfen Ihnen Geld zu sparen. Doch habe ich begriffen, dass diesen Aufwand einer massiven Werbung nur betreibt, wer selber Geld machen will. Also streiche ich diese Leute von der Liste derer, denen ich Audienz gewähre. Sollte ich ein Produkt brauchen, für das so massiv geworben wird, muss ich halt genau schauen, woher ich es bekomme, jedenfalls werde ich nur kaufen, was ich wirklich brauche und haben will.

Am leichtesten sind die offensichtlichen BetrügerInnen zu entlarven, denen lässt sich ganz gut aus dem Weg gehen. Am verführbarsten sind wir da, wo wir Ängste haben, aus einem Schmerz nicht herauskommen, wo der Weg nicht so gut sichtbar ist. Das entspricht dem Prinzip „mit Speck fängt man Mäuse“. Wenn wir erst angebissen haben, wird es schwierig, aus den Umschlingungen wieder herauszukommen. Im Sinne der Wiederverwilderung tut es gut, sich alle Angebote, alle Verlockungen mit dem gnadenlosen Blick der Energiebilanz anzusehen: Was muss ich hineinstecken, was kommt für mich dabei heraus? Immer wohltuend ist in einer Situation von Schmerz, Trauer, Depression, sich der Natur zu überlassen, dem Wasser zuzuhören, sich in einen Baum einzufühlen.

Zur Entdeckung der wilden Kraft und der Annäherung an die Natur gehört, rohe Gemüse und Früchte zu essen, vor allem auch Wildkräuter. Dazu musst du herausfinden, was essbar ist und was nicht. Sehr wenige Pflanzen sind wirklich lebensgefährlich giftig. Viele sind ungenießbar, manche sind bitter, aber gut für den Körper, zum Beispiel der wilde Thymian oder Artemisia. Der Mangel an Bitterstoffen ist dramatisch. Verdauungsenzyme werden nicht mehr in dem Maß vom Körper produziert, wie wir das nötig hätten. Wildkräuter und wildes Gemüse erinnern den Körper an seine Zugehörigkeit zur Natur, an die natürlichen Prozesse, die zwischen Pflanzen und Menschen ablaufen, an die Gemeinsamkeiten. Das Immunsystem freut sich und läuft auf Hochtouren. Pseudonahrung wird schneller erkannt und als nicht essbar aussortiert.

Um wilde Kräuter und Wurzeln zu finden, musst du die Natur kennenlernen. Der positivste Effekt dabei ist, dass du dich bewegst, dass dir warm wird, dass du, je öfter du hinausziehst, um so belastbarer, zäher, unempfindlicher wirst. Wenn du anfängst, barfuß zu gehen, stellst du fest, dass die Füße davon auch nicht kälter werden, vielmehr erinnern sie sich an ihre ursprüngliche Aufgabe, die Klimaanlage des Körpers zu sein, Eindrücke aufzunehmen und zu verarbeiten und dich insgesamt wacher und lebendiger zu machen.

Die Wiederverwilderung betrifft aber nicht nur die Nahrung und den Kontakt zur Natur, sondern auch das seltsam übersteigerte Sauberkeitsbedürfnis. Dazu muss der Sauberkeitsbegriff neu definiert werden. Kein Dreck auf Kleidung oder Händen heißt noch lange nicht, dass es sich dabei um Sauberkeit handelt, chemische Verunreinigung, Vergiftung von Kleidung, Körper und Nahrung ist mittlerweile sehr viel problematischer als der Dreck unter den Fingernägeln. Apropos: Eine deutsche Politikerin hat angesichts der Kindesmisshandlungen und -vernachlässigungen Tipps gegeben, woran vernachlässigte Kinder zu erkennen seien: an schmutzigen Fingernägeln. Kinder mit schmutzigen Fingernägeln sind aber unter Umständen die letzten glücklichen Kinder, die noch im „Dreck", also in der Erde spielen dürfen.

Der Sauberkeitswahn hat uns nur Probleme gebracht. Das größte ist die Entsorgung der vielen Putzmittel, Waschmittel, Laugen usw. Auch die Haut- und Atemwegskrankheiten, mit denen heute bald jedes Kind geboren wird, sind Folgen des hysterischen Waschzwangs, der nach dem Krieg begann und bis heute nicht aufgehört hat. Die Wäsche zu kochen, ist völlig überflüssig, keimfrei wird die sowieso nicht. Mit 60 Grad geht weg, was rausgewaschen werden soll, doch auch wenn die Wäsche nicht andauernd gewaschen wird, erkrankt davon niemand. Etwas Dreck ist sogar gesund, das weiß jeder Kinderarzt.

Dass Erde zu Dreck geworden ist, zeigt den Grad der Verhärtung zwischen Menschen und Elementen. Dass wir nicht mehr nach uns selbst riechen dürfen, sondern nach einem Deodorant, Parfüm, Rasierwasser riechen müssen, zeigt den verzweifelten Versuch, Natur auszuschließen, um sich von der Natur unabhängig zu fühlen.

Wie Kinder, die von ihren Eltern abhängig sind, diese aber ständig kritisieren, schlecht machen, ja leugnen, sind wir von der Erde abhängig, versuchen aber, das zu verschleiern. In der Wiederverwilderung, im direkten sinnlichen Kontakt mit Erde, Pflanzen, Wolken, Regen, Feuer spüren wir die mütterliche Qualität der Erde wieder.

Die Sehnsucht nach dieser Verwilderung bricht ja überall durch. Manche leben sich in ihrem Garten aus, glücklich wühlen sie in der Erde und deklarieren ihre Tätigkeit als sinnvolle gärtnerische Notwendigkeit. Manche laufen mit ihren Hunden und genießen dabei die Konfrontation mit den Elementen. Manche steigen auf Berge und sind glücklich, wenn sie unter Felsen Schutz finden und wilde Tiere beobachten können. Selbst Menschen, die versuchen, „Ordnung" in die Natur zu bringen, Jäger, Förster, GärtnerInnen, können ihr Entzücken nicht verbergen.

Anstatt vor dem Fernseher zu sitzen, ging ein Jäger allabendlich zu seinem Hochstand. Einmal begleitete ich ihn. Stumm gingen wir nebeneinander her, dann begann er, zuerst mit seinem Hund, dann mit den Bäumen und mit einem Igel zu reden. Geh weg da, was musst denn du jetzt deinen Ast so weit herüberstrecken, sagte er zum Baum. O mei, rief er dem Igel zu, muss das ein anstrengendes Leben sein, wenn du so schnaufen musst. Dem sumpfigen Boden warf er vor, seine frisch geputzten Stiefel anzugreifen. Wenn ich gesagt hätte: Was du da machst, ist reine Magie, nämlich Kommunikation mit anderen Wesen und der Versuch, sie dir gewogen zu machen, hätte er nur abgewinkt.

Wenn der Mechaniker den Vergaser beschimpft, wenn die Bäckerin die herunterfallende Semmel tadelt, dann ist das mehr als nur eine Reaktion auf ein plötzliches Ereignis. Tief in uns schlummert die Gewissheit, dass alles verbunden ist, dass alles Energie besitzt und diese Energie kommunizieren kann. Dass deshalb auch Prozesse beeinflussbar sind, die scheinbar unabhängig von Neigung und Wahrnehmung ablaufen. Ein Wissenschaftler wird dann nachweisen, dass Dinge sich bewegen, auflösen, formen, weil das ein naturwissenschaftliches Gesetz ist, aber was steht denn hinter diesem Gesetz? Was ist der Auslöser der Bewegung, der Form, der Verbindung?

Als ich begann, mich bewusst mit der Natur zu beschäftigen – als Kind tat ich das, ohne nachzudenken –, als ich bewusst Kontakt aufnahm zu Bäumen, Steinen, Pflanzen, Tieren, hatte ich zuerst ein Gefühl wie beim ersten Kontakt mit der Bevölkerung eines fremden Landes. Ich wusste nicht, wie sie ihren Alltag organisierten, das fühlte sich fremd und bedrohlich an. Je mehr ich bereit war, zu hören, zu sehen, zu verstehen, wurde mir alles vertrauter.

Zugleich entstand eine neue Dimension. Nun war nicht ich es, die alles aufnahm, wahrnahm, sondern ich wurde wahrgenommen, mein Geruch wurde aufgenommen, meine Geräusche wurden gehört.

Auf dem Höhepunkt meiner ersten Ekstase über die Schönheit der Natur geriet ich auf dem Falkenstein bei Matrei in Osttirol in einen Hirschkampf. Es war November, wunderschönes Wetter, ich wanderte hinauf zu dem seltsamen Baumkreis dort oben. Plötzlich hörte ich wilde Schreie. Ich hatte noch nie Hirsche in der Brunft gehört. Ich begriff, was es heißt: Das Blut stockt in den Adern.

Zwei Hirsche kämpften in meiner unmittelbarer Nähe, ihre Geweihe krachten ineinander, die Körper fielen mit Wucht zu Boden, der Atem der Tiere ging keuchend. Dann nahmen sie meine Witterung auf und rannten in meine Richtung. Ich stand bewegungslos an einen Baum gelehnt, wurde ruhig, nahm Kontakt auf. Es erschien mir wie ein Wunder, dass sie stehen blieben, lauschten, um dann mit neuer Wucht aufeinander loszugehen. Ich wagte nicht mich zu bewegen. Stand wohl stundenlang an dem Baum, verschmolz mit dem Moos unter meinen nackten Füßen, mit der Rinde, die meinen Rücken stützte.

Obwohl diese Erfahrung keinen zivilisatorischen Vorteil bringt, obwohl davon mein Bankkonto nicht fetter, mein Leben nicht luxuriöser wird, war sie richtungweisend und befreiend. Ich hatte es geschafft, Teil der Natur zu sein. Jeder Mensch ist Teil der Natur, aber wir vergessen es. Doch nur wenn diese Erfahrung in den Alltag einsickert, wird es uns möglich, vernetzt zu denken und zu handeln. Wir sind die Natur, genau wie Tiere, Pflanzen und alle anderen Wesen auf der Erde.

Wenn wir uns verbinden und verbünden, wenn wir die Wildnis wieder ins Leben einbeziehen, lernen wir sie zu verstehen, und nur dann ist es natürlich, die Erde und ihre Wesen nicht auszubeuten, nicht zu zerstören. Nur dann merken wir, dass die Zerstörung der Erde Selbstzerstörung ist, Todessehnsucht, die sich als Fortschritt tarnt. Der Schritt in die Wildnis ist der Schritt aus dieser Todessehnsucht heraus hinein in die vielfältigen Ströme der Lebendigkeit.

Todessehnsucht zeigt sich bei Männern, die ausziehen, um einen „Berg zu bezwingen", „die Zivilisation hinter sich zu lassen", „frei" zu sein. Ob Everest oder Alaska, wenn Männer in die Wildnis ziehen, wollen sie sich nicht nur beweisen, dass sie ganze Kerle sind, sondern dass sie die Natur bezwingen können, was früher oder später kläglich scheitert.

Der amerikanische Student Chris McCandless zog nach Alaska, um frei zu sein und in der Wildnis zu leben. Dass er mit Gewehr, Munition, Feuerzeug und Büchern loszog, zeigt, wie absurd diese Art von Wildnissehnsucht ist. Dass er keine Ahnung hatte, welche Pflanzen essbar sind und welche nicht, dass er einen Elch schoss, den er dann nicht zerlegen, nicht lagern, nicht essen konnte, zeigt, wie naiv, aber auch wie arrogant diese Herangehensweise an die Natur ist. Sean Penns Film „Into the Wild" zeigt das sehr schön. Auch der Fotograf, der mit Grizzlys lebte, bis ihn einer zerriss – Werner Herzog setzte ihm ein filmisches Denkmal –, zeigte, dass Männer es oft nicht aushalten, mit Respekt und der nötigen Bereitschaft zum Rückzug in die Wildnis zu gehen. Wer ist stärker, die Natur oder ich?

Die Wiederverwilderung der Erde bedeutet, sich mit der Natur anzufreunden, sie kennenzulernen, keine Heldentaten zu begehen, sondern spüren, wahrnehmen, aufnehmen zu lernen und sich bewusst zu werden, dass wir Teil dieser Wildnis sind und nach ihr hungern, wie wir die Zivilisation brauchen und in ihr zu Hause sind. Erst die verträgliche Verbindung zwischen Zivilisation und Wildnis kann zu einem neuen Naturverständnis führen.

DIE INNERE WÄRME AUFSTEIGEN LASSEN

Frieren, kalte Füße, Frösteln – ein Frauenthema. Die Heizung wird hochgedreht, und es wird doch nicht wärmer. Sinnvoller ist es, innere Wärme zu erzeugen. Liebevolle Aufmerksamkeit durch hellwaches Gespür für den Körper macht lebendig und spart Energie.

Die S-Bahn ist voll an diesem Morgen. Es ist kurz vor neun Uhr. Die Menschen fahren zur Arbeit. Und von den meisten geht eine Mischung aus Angst, Frustration, Stress, Zorn, Müdigkeit aus. Ich bemühe mich, nicht genervt zu sein. Lass doch die Leute in Ruhe! sage ich mir.

Die Bahn hält zwischen zwei Haltestellen. Eine Durchsage: Wegen Personenschaden verzögert sich die Weiterfahrt um unbestimmte Zeit. Personenschaden? Jemand hat sich vor die Bahn geworfen? Das ist eine klassische, in jedem Sinn des Wortes, Unterweltsfahrt.

Etwas, das stärker ist als meine Ungeduld, meine Genervtheit, mein Ärger über die scheinbar vergeudete Zeit, steigt auf. Ich sinke in meine Fußsohlen, bewege meine Zehen, ziehe sie nach oben, spüre das Fußgewölbe, das sich strafft, ziehe die Kniescheiben an, spiele mit den „hamstrings", wie Jack Cornfield die Quadrizepsmuskeln nennt, sauge den Beckenboden nach innen und den Nabel in Richtung Wirbelsäule. Ich richte den Körper auf, fühle mich in die leichte Wölbung der Wirbelsäule ein, setze den Kopf weich auf die Halswirbelsäule auf, neige ihn zur rechten Seite im Einatem und im Ausatem zurück zur Mitte, zur linken Seite im Ein und zurück im Aus. Jetzt bin ich ganz da. Ich spreize die Finger, dehne die Handflächen auf, entspanne die Hände wieder. Ich schließe die Augen und stelle mir vor, dass Wasser an den Fingern abtropft, das gibt so ein schweres, entspanntes Gefühl.

Ich habe nicht bemerkt, als ich so im S-Bahn-angepassten Tadasana stehe, dass sich die Bahn wieder in Bewegung gesetzt hat, aber als es einen Ruck gibt, stabilisiert mich eine warme Hand im Rücken. Ich atme langsam mit diesem heiseren kleinen Bremslaut aus. Die Zeit steht still. Keine Atembewegung, kein Laut, kein Gefühl, nichts mehr. Dann die Stimme: Bitte zurückbleiben. Zurückbleiben. Genau. Nicht fortbewegen, fort von der eigenen Kraft, fort von dem, was IST, sondern zurückbleiben, die Hast des Tages an sich vorbeistürmen lassen.

Ein Platz wird frei. Ich setze mich, stelle die Fußsohlen fest auf und spüre die Zehen, die Ballen, die Fersenränder, die Lippen meiner Vagina liegen sanft auf. Ich ziehe den Beckenboden nach innen, rolle mit mikroskopisch kleinen Bewegungen auf den Sitzknochen vor und zurück, richte den Rücken auf, schiebe das Brustbein vor, während ich den Nabel einziehe. Mit geschlossenen Augen bewege ich die Augäpfel in einer liegenden Acht hin und her und nehme wahr, wie mein Hirn wach und frisch wird. Ich lasse die Augäpfel in die Augenhöhlen sinken, stelle mir vor, dass sich die Lider von den Augäpfeln lösen, lasse die Wangen nach innen fallen und entspanne den Unterkiefer, so dass er etwas nach unten hängt.

Wie immer, wenn ich das mache, frage ich mich, was die Evolution vorhatte, als sie den stärksten Muskel, den Kiefermuskel, mit dem fragilsten Teil des Körpers, dem Gleichgewichtsteich im Ohr, so nah zusammenbaute. Sollen wir uns immer daran erinnern, dass wir erst wirklich ins Gleichgewicht kommen, wenn wir aufhören, energiegeladen, ehrgeizig, angestrengt die Zähne zusammenzubeißen? Dass die Botschaft nicht ankam, zeigen die vielen Fälle von Tinnitus, Zahnproblemen, Kieferproblemen, Migräne usw. Der verspannte Kieferbereich beeinträchtigt nicht nur das Hirn, den Kopf, das allgemeine Befinden, sondern auch Wirbelsäule, Hüftgelenke und Knie.

Wie immer ist die S-Bahnfahrt zu kurz, ich muss aussteigen, bevor ich noch die leichte Oberkörperdrehung machen konnte, die in der Bahn so gut geht: mit den Fingerkuppen an der Außenseite eines Schenkels entlang nach hinten krabbeln und die Rückenlehne betrachten, dann das gleiche auf der anderen Seite.

Auf den Anschlusszug warten, ist ein besonderes Vergnügen, denn das Geländer, das verhindert, dass ich in den Treppenschacht falle, hat eine gute Höhe, um das gestreckte Bein draufzulegen. Nun kann ich alle möglichen Dehnübungen machen: mit geradem Rücken nach vorn, den Oberkörper nach beiden Seiten drehen, ohne die Streckung des Beins zu verlieren, gleichzeitig das Standbein wahrnehmen, nicht die Zehen einkrallen usw. Schon beim anderen Bein kommt meist der Anschlusszug. Manchmal aber auch nicht, dann ist es Zeit für die Giraffe: Das Geländer stabilisiert Hintern und Beine, mit geradem Rücken beuge ich mich in den Leisten ein, dann vor und nach unten. Dabei stelle ich mir ein Hohlkreuz vor, weil das nämlich in dieser Position – jedenfalls mir – nicht möglich ist, den Rücken aber strafft.

In langweiligen Wartesituationen stelle ich mir vor, dass ich durch das rechte Nasenloch ausatme und dann ein, die Luft wenigstens 20 Sekunden anhalte, dann dasselbe mit dem linken Nasenloch mache. Danach mache ich ein paar Mal die Wechselatmung ganz körperlich und fühle mich heiter und energetisiert.

Natürlich sprechen mich immer wieder Menschen an, vor allem wenn ich im vollen Lotus auf einem Sitz in der Bahn die Zeitung oder ein Buch lese. Was machen Sie da? Ich lebe, sage ich, ich nähre meine Kraft, ich genieße meinen Körper. Haben Sie nicht Angst, dass sich jemand über Sie lustig macht? Da muss ich lachen. Schön, wenn sich jemand so freuen kann. Peinlich ist mir nichts. Ich kenne die Leute nicht, sie kennen mich nicht, ich mache nichts Obszönes. Was also sollte daran peinlich sein?

Tatsächlich komme ich oft mit Menschen ins Gespräch, die irgendwelche körperlichen Probleme haben, mich um einen Rat für eine Übung bitten oder eigene Erfahrungen berichten. So erfuhr ich zum Beispiel, dass Cortison auch in Form von Cremes die Augen schädigt, dass alle Wildbeeren das Immunsystem stärken und frisch gepflückte Wildkräuter sofort gegessen mehr für den Körper tun als alle Nahrungsergänzungsmittel zusammen.

Das brachte mich dazu, eine neue Meditationsform auszuprobieren, die sich an die Reiskornmethode im Zen anlehnt, die ich ziemlich öde finde: Johannisbeeren von den Stengeln lösen, ohne eine zu zerquetschen, dabei daran denken, wie und wo sie gewachsen sind, wie sie Sonne und Regen aufnahmen und so rot oder schwarz wurden, wie sie jetzt sind. Wenn ich mit der Meditation fertig bin, esse ich die Johannisbeeren und begreife, wie kompliziert die Lehren von Yoga über Zen bis zu den Religionen sind, wo doch alles so einfach ist.

DIE ÖKOLOGIE DER MAGIE

Es gibt Fachleute, die Tsunamis, Wirbelstürme und Erdbeben berechnen, und alle diese Fachleute sagen: Ganz genau kann man es nicht vorhersagen. Es ist möglich, eine Prognose zu geben, dorthin wird sich der Sturm bewegen, dieser Vulkan wird demnächst ausbrechen, diese Erschütterung wird mit ziemlicher Sicherheit einen Tsunami auslösen, aber das Verrückte ist, dass es oft überhaupt nicht stimmt. Seit dem verheerenden Tsunami 2004 gab es nach mehreren Seebeben Tsunami-Warnungen, doch nichts geschah, obwohl es eigentlich hätte geschehen müssen. Was ist da los?

Die Erde mit ihren Kräften ist unberechenbar, weil sie ein lebendiges Wesen ist, das von lebendigen Kräften umgeben ist. Wer glaubt, der Wind sei einfach ein berechenbarer Luftstrom, hat keine Ahnung von der närrischen Energie des Windes. Hurrikan-Forscher betonen immer wieder, wie unberechenbar und verrückt so ein Wirbelsturm plötzlich die Richtung ändern kann, obwohl das nach Berechnung der Fachleute eigentlich unmöglich ist.

Menschen sind auch nicht berechenbar. Man kann sich in etwa vorstellen, was sie in dieser oder jener Situation machen werden, aber manchmal machen sie eben etwas ganz anderes. Während die Armbanduhr auf die Nanosekunde genau tickt, schlägt das Herz mal schneller, mal langsamer. Wenn es regelmäßig zu schlagen anfängt, steht ein Herzinfarkt kurz bevor. Es gibt in lebendigen Organismen keine Regelmäßigkeit oder Berechenbarkeit.

Das Weltbild der Magie, die Kommunikation mit Wesen, die keine verbale Sprache haben und dennoch kommunizieren, wahrnehmen, ohne zu urteilen, der Versuch, Lebensenergie anderer Wesen zu spüren und zu verstehen, ist eine Kunst der weisen Frauen aus allen Zeiten. Wahrnehmen, einfühlen, nicht bewerten, sondern aufnehmen. Unspektakulärer Kontakt mit der Erde und den Lebewesen ringsum. Aus diesem selbstverständlichen Zusammenleben und Austausch wurde in der Zeit der Inquisition zerstörerische Manipulation. Die Männer der Kirche verstanden den sinnlichen Austausch der „heidnischen", also wild lebenden Menschen mit der Natur nicht. Die Natur musste bezwungen werden. Unterwarf sie nicht den Menschen unter ihre Launen? Wurde es nicht Zeit, dieses Hinübergleiten in andere Seinszustände, in die Wildnis, in das Wabern der Natur zu unterbinden und alles Menschliche Gott zu unterwerfen? Sollten Christen nicht endlich aufhören, Rituale mit wilden Frauen, Kräuterkundigen, keltischen und illyrischen, germanischen und mongolischen Zuwanderern zu machen? Grenzen mussten gezogen werden. Was sich jenseits des Hags befand, musste sterben. Die Hagezusse, die auf dem Hag Sitzende wurde zum Symbol der niederen Triebe, der unberechenbaren Natur. Wer sich mit der Natur verbündete, musste sterben.

Von jetzt an musste die Natur gebändigt, erforscht, manipuliert und begrenzt werden. Frauen verkörperten die Natur, also mussten die Frauen gezähmt werden oder verschwinden. Mit dem Verschwinden der Frauen verschwand auch die innige Bindung zu den Wesen der Natur. So wurde die Inquisition auch zum Meilenstein in der Zerstörung der Natur.

Die Magie der weisen Frauen ist eine ökologische Kraft. Wer im Einklang mit der Natur lebt und die Wesen der Natur achtet, kommt gar nicht daran vorbei, der Natur die Bedeutung einzuräumen, die sie tatsächlich hat, die aber im Sinn der Profitmaximierung heruntergespielt werden muss, damit Fortschritt möglich ist.

Fortschreiten von den natürlichen Zusammenhängen ist einer der Hauptgründe des Klimawandels, da sind sich Klimaforscher mittlerweile einig. Der Mensch mit seinen Konsumbedürfnissen, dem Primat der Mobilität, dem Bedürfnis nach Immobilien und die daraus entstehende Notwendigkeit, leere Räume zu füllen, ist der Hauptgrund der Klimaveränderungen, die ihm wohl irgendwann zum Verhängnis werden. Im magischen Weltbild ist Freundschaft mit der Natur das Wesentliche. Doch beim gegenwärtigen Erkenntnisstand der Wissenschaft gibt es keine Kommunikation mit Pflanzen und Steinen, mit Kleinstlebewesen, mit Tieren. Also kann es auch keine Bündnisse und keine Verbindungen geben.

Zwar wird gerade noch akzeptiert, dass Tiere ein feineres Gespür, Gehör, Geruchsorgan haben und deshalb den Menschen helfen können. Doch gibt es vom wissenschaftlichen Ansatz her zwischen Tier und Mensch keine Gleichberechtigung und auch keine Kommunikation. Die Tiere helfen mit ihren Sinnen den Menschen. Punkt. Zum Beispiel gab es in Thailand einen Jungen, der Elefanten betreute. Die Elefanten wollten partout nicht mit dem Jungen ins Meer gehen, obwohl sie das sonst so gern taten. Der Junge spürte, dass die Elefanten extrem unruhig waren, und folgte ihnen in die Berge, was ihm das Leben rettete. So eine Geschichte wird gern erzählt, und auch die Wissenschaftler nicken mit den Köpfen: So was kommt vor. Tiere haben einen Instinkt.

Magie geht weiter: Es gibt nicht nur andere Wahrnehmungsmöglichkeiten bei Tieren, auch Pflanzen, Steine, Erde, Wasser, Feuer, Luft sind lebendige Energien, nehmen Kontakt auf, können Freundschaften eingehen. Da steigen seriöse Menschen aus und tippen sich an die Stirn. Wer das behauptet, spinnt. Nun ist Spinnen ja eine erstrebenswerte Tätigkeit. Aus Fäden wird Gewebe, tragfähiges Netz, schützende Kleidung. Die Spinne mit ihrer einmaligen Fähigkeit, ins Leere zu fallen und während des Falls den Faden zu spinnen, an dem sie dann hängen wird, kann uns zur Wegweiserin werden. Wenn wir den Faden nicht spinnen können, an dem wir hängen wollen, haben wir schlechte Karten, denn wir fallen schon.

Wer jetzt nicht zaubern kann, ist verloren, sagt der Philosoph Ludwig Hohl. Was ist zaubern?

Zaubern ist die Fähigkeit, unbeirrt den eigenen Faden zu spinnen, ihn mit anderen Fäden zu verknüpfen, die Vibrationen zu spüren, die die Fäden zum Schwingen bringen, sich nicht verunsichern zu lassen, wenn Kritiker sagen, was es alles nicht gibt, was alles nicht sein darf. Dabei kümmert es auch ernsthafte Wissenschaftler wenig, dass die Wissenschaft genau genommen nichts weiß und das, was früher unmöglich war, im Alltag angekommen ist.

Der Anpassungsdruck ist heute wieder größer als noch vor dreißig Jahren. Die Hippiegeneration ging souverän darüber weg, dass nicht alles bewiesen werden kann, was gut tut und schön ist. Heute schielen alle wieder nach der Anerkennung, nach der „Normalität“, die eigentlich eine Form von Wahnsinn ist. In der Magie der weisen Frauen ist es normal, dass eine Pflanze mit einer Frau ins Gespräch kommt. Die Pflanze bewegt sich, gibt Duft ab, verströmt feinste Stoffe, die von der Frau aufgenommen und gelesen werden. Ein Tier spürt die Bereitschaft zur Kommunikation, Zuneigung, Interesse und beginnt, sich durch Bewegung, Duftstoffe, Geräusche mitzuteilen.

Die weise Frau lässt sich Zeit. Nicht um Vermenschlichung von Tieren, Pflanzen, Steinen und Elementen geht es. Auch nicht darum, in einer Art Kitschverhältnis die Natur lieb und süß zu finden. Es geht um den Wunsch zu verstehen, um das Wissen, dass verbale Kommunikation nicht der Weisheit letzter Schluss ist. Und darum, der eigenen Wahrnehmung zu trauen, sich nicht beirren zu lassen und dadurch Nähe zu einem Wesen der Natur zuzulassen, sich nicht zu fürchten, sich selbst nicht zu wichtig zu nehmen, ohne Arroganz oder Triumph in eine Begegnung zu sinken und zu spüren, dass sie normal ist. Dass wir uns zwar von der Natur entfernt haben, dass aber die Wiederannäherung normal ist. Es ist wie ein Nachhausekommen, eine Rückkehr ins Vertraute.

Diese Rückkehr zur Natur ist eine ökologische Kraft. Es geht nicht um den Sonnenuntergang, das liebe Bambi, die goldenen Kornfelder. Es geht um das Bewusstsein, Teil von allem zu sein, also auch alles kennen lernen zu wollen. Wenn ich vernetzt bin, will ich doch wissen, was mit mir in dieser Verbindung lebt.

Genaue Wahrnehmung anstelle von Ausbeutung der Natur prägt das magische Weltbild der weisen Frauen. Sinnliche Erfahrung, Erfühlen, Ertasten, Hören, Sehen, Riechen – das bedeutet auch, mit der Natur ganz körperlich Bekanntschaft zu machen, nachts hinauszugehen und zu spüren, wie sich die eigene Wahrnehmung verändert. Die Düfte der Nacht zu entdecken, die Geräusche eines Waldes, die Sprache des Wassers und die Verbindung zu erneuern: Ich will nicht nur nutzen, konsumieren. Ich will mich befreunden, das Unhörbare hören, das Unsichtbare sehen, das Unmögliche möglich werden lassen.

Trance war schon immer ein Mittel, die Grenzen zwischen den Wesen zu überschreiten und die Schnittstellen zu finden. Es heißt ja immer, dass es keine festen Grenzen, keine fest umrissenen Dinge gibt, dass alles fließt. Da sind sich Philosophie und Magie einig, sogar die Physiker sagen das, und mit einem Mikroskop lässt es sich nachprüfen. Was mit dem Verstand so schwer zu begreifen ist, erscheint in der Trance ganz natürlich. Die Übergänge sind fließend. Ich muss mich nicht an Regeln festhalten, denn die sind ja nur erfunden worden, um den Alltag lebbar zu machen. Die Regeln sind gewissermaßen der Zaun, an dem wir entlangwandern und bellen. Hört der Zaun auf, gehen wir in Trance und damit in die Möglichkeit, Zeit und Raum aufzulösen, wird schnell klar, dass es weder die Vernunft noch die Realität gibt. Oder sagen wir, es gibt Entwürfe und Absprachen. Wir haben uns auf eine Realität geeinigt, in der wir uns alle eingerichtet haben. In der Trance können die Wirklichkeitserscheinungen fallen und andere Kräfte aufsteigen. Ohne Zensur öffnen sich ungeahnte Möglichkeiten, Wirklichkeit zu definieren und zu schaffen und zwar zusammen mit anderen Wesen.

So kann eine Frau mit einem Bergbach, einer Arnikapflanze und einer Wolke zusammen beschließen, Energien zusammenzuziehen und ein heilendes Feld zu schaffen. So kann ein Mensch die Sprache einer Windböe verstehen und Schlüsse daraus ziehen und damit vielleicht ein Leben retten. Ein Tier kann die Geschichte der Welt neu erzählen, was Menschen ungeahnte Erkenntnissen und Freuden bringen kann.

Und was hat das mit dem Klimawandel zu tun? Nicht weil diese und jene Leute dieses und jenes errechnet haben, wird sich etwas verändern, sondern weil Menschen spüren, dass sie Teil von allem sind, und deshalb alles tun, um dem Ganzen nicht zu schaden. Weil die Lust an der Verbindung aufsteigt und den Hunger nach Konsum verdrängt. Weil Kommunikation mit und Verständnis für die Natur wieder normal wird.

Die Magie der weisen Frauen ist weit davon entfernt, linear zu wirken – ich lerne eine Fähigkeit, ich wende ein Mittel an, um dieses oder jenes zu erreichen – die vielleicht wichtigste Qualität dieser Magie in bezug auf den Klimawandel ist das Träumen. Das Träumen kann Wirklichkeiten wechseln, in einen Raum absinken, in dem alle Wesen die Sprache der Traumzeit sprechen. Es ist das Schweigen, das Schwingen, das Vibrieren. Fragmente von Bildern, von Botschaften schweben im Raum, ergeben in der menschlichen Vorstellung keinen greifbaren Sinn und sind doch notwendige Voraussetzung für das Verständnis der Welt und ihrer materiellen Zusammenhänge.

Ich habe ein Problem mit Mücken. Das Geräusch, wenn sie auf der Suche nach Nahrung, also meinem Blut, sind, macht mich fast verrückt. Ein halbes Leben lang habe ich Mücken gnadenlos verfolgt und getötet. Dann begegnete mir in der Traumzeit eine Mückenmutter. Es gibt in dieser Dimension keine wertvolle oder wertlose Existenz, keine Priorität für den Menschen. Ich verstand also, dass sie nichts anderes tat als ich: Sie ernährte sich und ihren Nachwuchs. Es war eine heitere Begegnung, die meine Haltung sanft und radikal veränderte.

Ich lag auf einem afrikanischen Hausdach. Um mich herum das Buschland der Casamance mit reichlich Wasser. Ich sank in die Traumzeit. Artemisia, meine Pflanzenfreundin begleitete mich. Ich schlief wunderbar, wenn ich gestochen wurde, merkte ich es nicht, dank der bittersüßen Wirkung von Artemisia annua verbrachte ich zum erstenmal vier Wochen in Afrika ohne Mückenparanoia und ohne chemische Substanzen.

Später versuchten Ärzte mir immer wieder nachzuweisen, dass diese reinen Kräuterpillen gegen Malaria unmöglich wirken können. Sie wirken bei mir seit über zehn Jahren, nicht weil sie eine lineare pharmazeutische Wirkung entfalten, sondern weil wir eine Symbiose eingehen. Artemisia ist kein Heilmittel, das mir eine Krankheit vom Hals hält. Sie ist meine Traumzeitverbündete. Wir schwingen miteinander. Sie wird nicht gegen eine Bedrohung eingesetzt, sondern sie verbreitet in meinem Körper eine Energie zwischen wohliger Bitterkeit und strenger Wachheit, die mit meinen Zellen korrespondiert und mich herausfordert, in allen Dimensionen da zu sein.

Von Bauern wird Artemisia (Beifuß) als „Flurschädling“, als „Unkraut“ bezeichnet. Ausgrenzung und Diffamierung teilen die Unkräuter ja durchaus mit den Frauen, die für ihre Fähigkeiten und ihr Heilwissen als Hexen verbrannt wurden. In der Einteilung der Botanik in Kräuter und Un-Kräuter äußert sich wieder die christliche Gehirnwäsche, die nur gut und böse, nützlich und schädlich, Erlösung oder Verdammnis zulässt.

Eine wichtige Dimension der Verbindung mit anderen Lebewesen ist das Ritual. Tiere, Pflanzen, Wolken, Wind, Feuer, Wasser – alles reagiert auf die Konzentration von Energie in einem Ritual. Ich habe oft erlebt, dass Frauen Kräfte riefen und Tiere kamen, um die Rufe zu bekräftigen, um beteiligt zu sein. Wir stampften, und Wind kam auf, wir sangen, und das Feuer tanzte. Wir standen am Wasser und fütterten es mit Mehl, und Wellen bildeten sich in der Windstille.

Das Klima ist die Fieberkurve der Lebewesen auf der Erde. In ihm spiegeln sich der Wahn, die Zerstörung. Linear werden wir das nicht verändern können, denn Fieber und Wahn nähren sich aus einer Ebene, die linear nicht zu erfassen ist. Wir können weniger Auto fahren, in Hybridautos, warum nicht, wir können aufhören, die Erde zu vergiften, weniger fliegen, weniger Energie verbrauchen, Bäume pflanzen, unbedingt. Doch das Klima verändert sich in dem Maß, wie das Gleichgewicht zwischen Menschen und Natur wiederhergestellt wird. Wilde Freude, gute Laune, übermütiger Tanz können wichtiger werden als der CO_2-Fußabdruck, der sich ohnehin verändert, wenn ein Mensch glücklich ist und in seiner Kraft schwingt.

Der Freudensprung lässt sich nicht lernen. Selbst wenn es eine Choreographie gäbe – die entscheidende Energie ist die Freude. So ist es mit dem Klima. Es kann nicht am Reißbrett, in der Klimakonferenz verändert, „gerettet" werden, es gleitet ins Gleichgewicht in dem Maß, wie wir ins Gleichgewicht kommen. Das ist die Magie der weisen Frauen: durch den Tanz in der Traumzeit, durch Rituale als Feiern der wilden Natur in allem wieder ins Gleichgewicht mit allen Wesen gelangen.

ELEMENTARE RITUALE

Rituale haben die erfreuliche Wirkung, dass sie uns die Verbindung zu den Elementen, zu unseren Träumen und zur Traumzeit bewusst machen, dass sie Schnittstellen zu anderen Wirklichkeitsebenen sind, die einen neuen Blick auf die Welt und ihre Lebewesen ermöglichen.

Seit es Religionen gibt, seit die Menschen nicht mehr mit allem eins sind, sondern Abgeordnete und Delegierte für bestimmte Kräfte brauchen, geistert die Vorstellung durch menschliche Hirne, man könnte sich durch Opferungen irgendwelche Kräfte gefügig machen. Aus diesem Wahn heraus wurden Speisen geopfert, Tiere, Menschen. Aus offensichtlichen Gründen ist das Blödsinn: Du wirst mit nichts geboren, du hast nicht einmal deinen Körper selbst konstruiert, nichts von dem, was dein Leben ausmacht, gehört dir, wie also könntest du etwas opfern? Welche Energie sollte daraus hervorgehen, ein Wesen zu töten und einer Macht zu opfern? Dubioser Krampf!

Statt dessen könnten wir uns doch mit der Idee befreunden, dass uns alles geschenkt wurde (falls wir es nicht geraubt haben) und dass wir deshalb etwas weiterschenken könnten. Das ist immer eine gute Idee, weil dadurch ein Fluss entsteht. In einem Ritual ist es besonders schön, weil eine Energie der Verbindung und der Heiterkeit entsteht. Im Folgenden beschreibe ich einige Rituale, die auf einfache und schöne Art Gemeinschaft mit allen Wesen und Lebensfreude erzeugen können:

Den Wind füttern

Dieses Ritual kann allein oder im Kreis mit anderen gemacht werden. Man nimmt ein Kilo Mehl, Vanillezucker... ach, jetzt bin ich aus Versehen in das Göttinnenplätzchenrezept gerutscht. Ein Kilo Mehl also. In der Mitte des Kreises kann eine Schale mit Wasser stehen, oder die Teilnehmenden stehen sowieso an einem Gewässer. Bei jedem Ritual kann durch einen Klangteppich zuerst der Alltag abgeworfen, mit Klängen schöne Energie gerufen werden. Rasseln passt auch zum Windfüttern. Dann greift sich die erste Person eine Handvoll Mehl und benennt eine schöne Kraft, mit der sie den Wind füttern will. Die anderen folgen, rufen Energien und werfen das Mehl in die Luft. Manchmal entsteht dann sogar bei Windstille ein leiser Luftzug oder gar ein Windstoß. Der Wind liebt Rituale, und das überträgt sich auf die Teilnehmenden.

Die Erde nähren

Auf dem Weg zu dem Ort, wo das Erdritual gemacht werden soll, hebt jede einen oder mehrere Steine auf. Dort angekommen, wird ein Kreis gebildet, es kann gestampft und getanzt, gesungen, getrommelt, gerasselt werden. Eine geht in die Mitte, legt einen Stein ab und sagt, welche Kraft sie ruft und ablegt, um ein Energiefeld aufzubauen. Wenn alle ihre Steine und ihre stärkenden Kräfte abgelegt haben, kann der Kreis gelöst werden. In vielen Ländern (Tibet, Mali, Indien usw.) werden solche Kraftsteine am Wegesrand oder auf Passhöhen, an gefährlichen Kreuzungen oder Übergängen abgelegt, um die Geister zu erfreuen. Steinhaufen an Passübergängen in Tibet zeigen, dass viele Menschen seit Urzeiten hier eine

Rast einlegten, um sich mit den Geistern zu unterhalten und ihren Respekt vor allem, was wir nicht wissen und verstehen, zu demonstrieren. Diese Steinhaufen bleiben Kraftfelder, die auch von anderen Menschen gespürt werden. So kann dieses Ritual Schönheit in die Welt bringen und die Verbindung zur Erde stärken.

Dem Feuer Geschenke bringen

In einem Ritualfeuer werden Kräuter, Harze, wohlriechende Hölzer und schließlich auch Wünsche verbrannt, die vorher auf einen Zettel geschrieben wurden. Die Teilnehmenden können übers Feuer springen und singen. Ich mache solche Feuerrituale auch gern allein. Ein kleines Feuer, Teekräuter, die zum Trocknen aufgehängt waren. Statt Wünsche auf einen Zettel zu schreiben, singe ich meine Wünsche manchmal ins Feuer und rassle dazu.

Mit Wasser heilen

Heilrituale mit Wasser sind wohl die ältesten überhaupt, weshalb auch die Taufrituale von Kirchen und Sekten, das symbolische Untertauchen im Wasser eine so starke Bedeutung erlangt haben. Das Einfachste ist, an ein Gewässer zu wandern, sich nackt auszuziehen und ins Wasser einzutauchen und dabei das Wasser zu bitten, alles abzuspülen, was den Körper, die Seele, den Geist krank macht. Idealerweise ist das Gewässer ein fließendes, das alles fortspült, und wenn das Wasser eiskalt ist, gibt es noch diesen Urschrei dazu, der so befreiend wirkt.

Ich reibe mich vorher oft mit Lehm oder Erde ein, und während ich das mache, singe ich einen Heilgesang, der mir in diesem Augenblick einfällt, es kommt nicht auf die

Perfektion an, sondern darauf, herauszusingen, was aufsteigt. Wenn ich von Kopf bis Fuß eingerieben bin, gehe ich Schritt für Schritt ins kalte Wasser und besinge die Freundschaft mit dem Wasser, dem Himmel, den Sternen, dem Feuer, der Luft, der Erde, und dann tauche ich unter.

Schön ist es, in ein fließendes Gewässer zu spucken und mit der Spucke etwas loszuwerden, das gewandelt werden soll. Nach einem solchen Ritual kann ein Lichtschifflein hinterhergeschickt werden, das die Kraft wandelt, ein Floß aus Blättern oder Holz mit einem Bienenwachsteelicht (ohne Blech) drauf. Wenn das kleine Floß ein wenig mit Olivenöl eingerieben wird, schwimmt es besser und brennt dann auch besser.

Bei allen Ritualen kann Schnaps in die Luft gesprüht werden, weil die Geister Schnaps lieben. Auch das Verbrennen von Harzen und Kräutern, gute Gerüche erfreuen die Wesen der nichtstofflichen Welt. Wer das nicht glaubt, kann den Schnaps auch selber trinken und zur Geisterbahn werden – natürlich sollten das nicht die Menschen tun, die ein Alkoholproblem haben.

Weil wir aufgehört haben, Rituale zu feiern, oder weil wir begannen, mit zerstörerischen Gewohnheiten die Erde und uns krank zu machen, gibt es immer weniger zu lachen. Rituale können diese heitere Energie wieder aufbauen. Das Heitere, das Lachen wird die entscheidende Energie bei der Heilung der Erde, bei unserer Heilung sein.

Das Spindel-Ritual

Dieses Ritual kann zum Jahreswechsel oder als Orakelritual gefeiert werden. Man nimmt eine Spindel oder einen bauchigen Stab, der sich gut auf einer Unterlage drehen lässt. Ein Ende sollte eingefärbt oder sonst irgendwie markiert sein. Eine leere Flasche geht auch gut. Dann werden alle Freundinnen und Freunde zusammengerufen, die Lust haben, sich ein Jahr lang auf neue Anregungen und Informationen einzulassen. Alle, die zusammengekommen sind, stellen sich im Kreis auf. Jede Person überlegt sich, für welche Kraft oder Qualität sie da steht. In einem Kreis, mit dem ich das Ritual gefeiert habe, stand zum Beispiel eine Frau für Freude, eine für Genuss, ein Mann für gutes Essen, einer für guten Umgang mit Energie, eine Frau für den Freudensprung, eine für Durchhaltevermögen und so weiter.

Wenn jede Person entschieden hat, wofür sie steht, geht die erste in den Kreis und dreht den Stab oder die Flasche. Dann wird geschaut, wo das markierte Ende des Stabes, der Flaschenhals hinzeigt, nachdem er ausgedreht ist. Die Person, auf die er zeigt, sagt nun, wofür sie steht und was sie mit dieser Kraft verbindet. Alle, die wollen, machen auf diese Art ihr persönliches Orakel.

Dann kann die Gruppe sich zu einem Thema, einer Kraft treffen, zum Beispiel Durchhaltevermögen. Wie ist diese Kraft angelegt, was sagt sie aus, über den Zustand der Gesellschaft, der Welt, über die Zeit, über die Person, die mit dieser Kraft ein Jahr lang umhergeht. Was gilt es durchzuhalten und wie? Beim nächsten Treffen wird vielleicht das Thema Genuss behandelt mit Wirkungen und Nebenwirkungen. Über etwas nachzudenken und zu sprechen, kann die Handlungen bestimmen, die die Zeit, die Kräfte und die Beteiligten an diesem spielerischen Ritual durchaus verändern könnten.

PRAKTISCHE SCHRITTE

Du bist wohl völlig plemplem, rief eine Freundin, als ich ihr meinen fantastischen Plan zur Reduzierung von CO_2, zum Einschränken von Stromverbrauch darlegte. Hier ist die Idee, und dann sage ich, warum sie so empört war.

- Man konstruiert ein Trainingsfahrrad wie im Fitness-Studio, in dem eine Waschtrommel eingebaut ist. Während die Frau oder der Mann das Fitnessprogramm absolviert, dreht sich die Trommel mit. Ob die Körperkraft und die Übersetzung des Trainingsrads ausreichen, um die Wäsche auch zu schleudern, weiß ich nicht, aber es gibt ja so viele Ingenieure und Techniker, die das sicher hinbekommen werden. Was heizt das Wasser? Gar nichts. Das Wasser wird eingefüllt, etwas heißes Wasser vom Wasserkocher kommt dazu. Eine wirklich interessante Entdeckung ist nämlich, dass die Wäsche nicht gekocht, nicht mal 90 Grad heiß gewaschen werden muss, denn sie wird sowieso nie keimfrei. 20 Grad reichen nach Berechnung von Hygienefachleuten aus, um Wäsche sauber zu machen. Voraussetzung sind ausreichend Wasser und ein Waschmittel, das Fett und andere Substanzen lösen kann. Diese Waschmittel können durchaus umweltverträglich sein. Flecken gehen mit Backpulver, Zitronensaft, Ökospülmittel bestens raus. Keine Wäsche muss so rein sein, wie Deutschland seit den fünfziger Jahren waschen will und damit die Umwelt total versaut hat. Die scharfen Putz- und Waschmittel gehören verboten. Das wäre ein Anfang, denn dann würde das Wasser aufatmen. Die Fische hätten wieder was zu lachen, und überall gibt es ja sowieso umweltverträgliches Wasch- und Putzzeug, für alle, die aus Angst vor Keimen sonst nicht mehr ruhig schlafen können. Der euro-amerikanische Wasch-/Putzzwang hat der Erde mehr geschadet als mangelnde Hygiene.

Der Waschvorgang im Trainingsfahrrad hat mehrere Vorteile: Du bleibst fit, während du wäschst, du brauchst nur deine eigene Energie (abgesehen von etwas heißem Wasser), und du hast ein persönliches Verhältnis zu deinem Dreck, das finde ich wünschenswert.

Der Einwand meiner Freundin: Es war doch die Erlösung für die Frauen, dass sie endlich nicht mehr mit der Hand waschen mussten.

Falsch, sage ich. Die Erlösung der Frauen ist, dass sie nicht mehr für die ganze Familie waschen. Wer einen Mann im Haus hat, bindet den in die Wasch- und Putzvorgänge ein. Wenn er es nicht macht, fliegt er raus. Die Erlösung der Frauen ist nicht, dass ihnen die Industrie mit dem Spielzeug der Männer das Leben leichter macht, die Erlösung ist, dass sie endlich selbstbewusst genug sind, Forderungen an ihre Männer zu stellen, dass sie sich nicht mehr zur Putzfrau ihrer Familie machen. Dass Mann und Kinder, sofern vorhanden, eingebunden werden in die gemeinsamen Arbeiten. Die Erlösung der Frauen ist, dass sie gehen können, wenn sie genug haben.

Im Alltag sieht das anders aus? Weiß ich. Also umdenken. Dann kommen eben die zwei uralten Themen wieder auf die Liste der zu erledigenden Aufgaben für Männer: Klo putzen und Socken selber waschen.

Eine amerikanische Wissenschaftlerin hat errechnet, dass mit der Erfindung der Waschmaschine die Arbeit der Frauen keineswegs weniger wurde. Nun waschen sie mehr, müssen die Wäsche sortieren, aus der Maschine nehmen, aufhängen, vielleicht sogar bügeln. Und weil es so praktisch ist, eine Waschmaschine zu haben, schmeißen alle ihre Wäsche einfach hin, und eine Mutter, die erschöpft genug ist und sich nicht wehren kann, arbeitet nun genausoviel, wenn nicht noch mehr für alle anderen. (Ähnlich ist es übrigens mit dem Auto. Sobald man ein Auto besitzt, wird damit herumgefahren, transportiert, abgeholt, hingebracht usw. Am Ende ist es mehr Arbeit und Aufwand als das Leben ohne Auto.)

So ein Trainingsfahrrad mit Waschtrommel würde in Deutschland den Energieverbrauch erheblich senken. Wer mit Eigenkraft waschen muss, wäscht weniger, das könnt ihr mir glauben, denn ich bin meine erste Testperson für diese These.

- Alle Fitness-Studios werden umgerüstet, alle Maschinen, auf denen Menschen treten, rudern, strampeln, stemmen, werden ans Netz angeschlossen. Die eingespeiste Energie wird den Menschen, die sie erzeugt haben, gutgeschrieben, um diesen Wert senkt sich entsprechend ihre Stromrechnung. Diese Idee würde die westliche Welt revolutionieren, denn wenn man bedenkt, wieviel Energie in Fitness-Zentren erzeugt wird, sinnlos erzeugt und vergeudet, und wenn man bedenkt, dass diese Zentren auch noch hohe Energiekosten haben, weil ja viele Geräte elektrisch betrieben werden, könnte ein Umrüsten auf Stromerzeugung wirklich eine unglaubliche Wirkung haben.

Zudem wären die Menschen motivierter, sich zu bewegen, weil sie damit ihre Stromrechnung senken können.

Meine Schwester würde noch weiter gehen und in öffentliche Verkehrsmittel Tretgeräte zur Stromerzeugung einbauen. Der so gewonnene Strom würde auf den Fahrpreis angerechnet.

- Es gibt keine Umweltgipfel mehr, zu denen Tausende hinfliegen. Alle Konferenzen haben sich als bürokratische kafkaeske Unternehmungen herausgestellt. Wer verhandeln will, tut das mit der dafür entwickelten Technologie, also mit Internetkonferenzschaltungen. Statt bezahltem Urlaub ohne Wirkung, statt der Verschleuderung von Energie und Steuergeldern wird wirklich gearbeitet. Erst wenn es ein positives Ergebnis gibt, das praktische Auswirkungen hat, kann mal wieder ein kleines Treffen angesetzt werden.

- Öffentlicher Verkehr wird billig oder kostenlos. Nur so wird auf Dauer erfolgreich der private Autoverkehr reduziert. Für Straßenbau gibt es keine Gelder mehr, wohl aber für die Entwicklung alternativer Energien.

- Umweltschonung und Naturschutz werden ein Prüfungsfach in der Schule.

- Patenschaften zwischen Menschen und Bäumen oder Orten in der Natur werden gefördert.

- Für umweltschonendes Verhalten und ökologische Projekte gibt es Steuervergünstigungen.

- Nicht Großverbraucher von Energie werden belohnt, sondern Menschen, die wenig verbrauchen. Bisher bekommen immer noch die Unternehmen billigere Tarife, die viel verbrauchen, während ein Haushalt, der wenig Strom und Gas braucht, mit hohen Grundgebühren bestraft wird.

- Menschen, die unbedingt Fleisch essen wollen, tun das nur noch einmal die Woche, dann kann man sich alle anderen klimarettenden Maßnahmen fast schon sparen.

- Ein Computerspiel verlangt, dass die spielenden Kinder sich umweltschonende oder energieerzeugende Wege ausdenken, um auf die nächsthöhere Ebene zu gelangen. Kinder und Jugendliche, die dabei bahnbrechende Ideen haben und diese an die Spielemacher weiterleiten, werden in die Entwicklung neuer ökologischer Maßnahmen einbezogen und bekommen dafür Geld. Das könnte verhindern, dass Kinder in Computerspielen nur das Zerstören lernen, sie würden motiviert, sich etwas für die Erde auszudenken, auf der sie ja schließlich auch leben. Kinder sind unglaublich kreativ und erfinderisch, das setzt neue Potentiale frei und erzieht auch die Erwachsenen.

- Die Stadt Basel hat für das Pflanzen von Ginkgo-Bäumen Prämien ausgesetzt. Alle Städte sollten diesem Beispiel folgen und für das Anpflanzen und Betreuen von Bäumen, insbesondere Ginkgos, die Umweltgifte besonders gut wandeln können und mit Menschen innige Freundschaften eingehen, Prämien zahlen. Asphaltierte Flächen sollten wieder geöffnet und bepflanzt werden.

Anregungen zum Weiterlesen

Dirk Maxeiner und Michael Miersch, Lexikon der Öko-Irrtümer, München 2000.

Frank Schätzing, Der Schwarm, Frankfurt a.M. 2005.

Rainer Grießhammer, Der Öko-Knigge, Reinbek 1984.

Ines Doujak, Biopiraterie, Wien 2008.

Das „Greenpeace“-Magazin.

Die Zeitschrift „Brandeins“.

Filme

We feed the world, Regie: Erwin Wagenhofer.

Taiga, Regie: Ulrike Ottinger.

Unsere Erde. Der Film, Regie: A. Fothergill/M. Linfield.

Web-Seiten

www.greenpeace.klima-aktiv.com

www.gruenes-klima.de/alltagstipps/kohlenstoffrechner-dein-CO2-fussabdruck

Es gibt auch einen CO_2-Fußabdruck-Rechner von BP, British Petrol. Die Großkonzerne sind nicht blöd und sammeln Ökopunkte, mit denen sie uns hübsch an der Nase herumführen. BP dominiert die erste Seite und macht gleich auf der zweiten Seite Werbung für die Umweltaktionen von Toyota, McDonalds usw.

Insgesamt rund 11.000 Einträge gibt es bei Google für den Suchbegriff „CO_2-Fußabdruck“.

Wer bei www.metacrawler.de nach dem gleichen Begriff sucht, stellt fest, wie wirkungsvoll die Großkonzerne die Suchmaschinen bombardieren. BP ist auf der ersten Seite gleich mehrmals vertreten.

Macht euch auf die Suche und findet mehr.

EPILOG

Bleibt zum Schluss noch dies: Wir wissen, dass sich das Klima verändert, wir wissen, dass die Menschen daran so erheblich beteiligt sind, dass es notwendig ist, alles zu überprüfen, den Schaden zu begrenzen, den Menschen anrichten, wenn die Erde es noch eine Weile mit uns aushalten soll. Doch es gibt ein Problem: die Linearität. Der direkte Weg ist nicht immer der beste. Vor allem, wenn man keine Ahnung hat, wohin man eigentlich geht. Um es krass zu sagen: Es ist nun mal nicht der dogmatische Fanatiker, der die Welt besser macht. Es gibt keinen Beweis dafür, dass es der Erde oder den Menschen irgendwie nützt, wenn sich einzelne Menschen ihrer letzten Vergnügen berauben, überhaupt kein Fleisch mehr essen, weil es, wie wir inzwischen ja wissen, um ein Vielfaches mehr Energie braucht, um zu wachsen, als es nachher abgibt, wenn es verzehrt wird, wenn einzelne sich hundertmal überlegen, ob sie in ein Auto oder ein Flugzeug steigen sollen, und die anderen mit Predigten quälen.

Die Kreuzritter waren überzeugt, dass sie das Richtige tun, dass sie den Menschen die Segnungen der einzig wahren Religion bringen. Doch kaum jemand hat soviel Schaden angerichtet wie die fanatischen Missionare, die Religionsverbreiter, die Inquisitoren, die unnachgiebigen Prediger der einzig wahren Religionen. Aus dem Wahn, dass es Gut und Böse geben und das Böse vernichtet werden muss, wurden mehr Menschen umgebracht, als ich zählen kann, erwuchsen den Menschen so viele

Schuldgefühle, Ausweichmanöver, Kompensationen, Verdrängungen, Frustrationen und Aggressionen, die wieder so viele Ersatzhandlungen, Gewalt, Trauer, Hilflosigkeit, Lähmung und Zerstörung erzeugten, dass es in einem kleinen Schlusswort nicht zu beschreiben ist.

Die heilige Überzeugung, den richtigen Glauben zu haben und alle zu bestrafen, die ihn nicht annehmen wollen, findet sich nicht nur in religiösen Kreisen, auch die Therapieszene, die VegetarierInnen, VeganerInnen, MenschenrechtlerInnen, TierrechtlerInnen, WeltretterInnen sind davon infiziert. Die Hirnverschmutzung, die dadurch entsteht, kann genausoviel Schaden anrichten wie die Umweltverschmutzung. Wenn es keine Lebensfreude, keinen Übermut, keine Entspannung, keine Unkorrektheit, keine Lockerheit mehr gibt, nutzen die sauberste Luft und das beste Trinkwasser nichts. Wenn FanatikerInnen über alle herfallen, die sich nicht korrekt verhalten haben, stelle ich mir die Frage, ob für die Heilung der Erde, die Rechte der Tiere, die Sauberkeit von Luft, Wasser und Nahrung überhaupt gekämpft werden kann.

Ist es nicht vielmehr so, dass wir die Erkenntnis endlich als Segen und nicht als Provokation sehen müssen? Als etwas, das wir einfach genießen können, das wir uns einverleiben können und von dem wir satt werden. Dass wir es wagen müssen, ohne Selbstzensur oder vorauseilenden Gehorsam zu denken, zu träumen und zu handeln. Das braucht mehr als alles andere den Mut, zu den eigenen Empfindungen zu stehen, auch wenn jemand darüber lacht oder sie verächtlich abtut. Es braucht den Mut, neue Lebensformen auszuprobieren, Entdeckungen zu machen, die Sinne wirklich einzusetzen.

Als die Rebellen von Schönau gegen den Energiekonzern zu kämpfen begannen, bis sie schließlich das ganze Netz aufkauften und selbst mit Ökostrom handelten, sagten alle: Das schafft ihr nie. Gegen die mächtigen Konzerne kommt ihr nicht an. Das Gegenteil ist der Fall. Sie sind heute die größten Ökostromanbieter, und das Dorf Schönau heißt auch Solar-City. Dort wird etwas vorgelebt, was es in zivilisierten Gesellschaften viel zuwenig gibt: heitere Lebenslust in der Rebellion gegen multinationale Konzerne und ihre Repressionen.

Wir werden nicht verhindern können, dass in den nächsten zwanzig Jahren die Temperatur der Erde um zwei bis fünf Grad steigen wird, aber was heißt das eigentlich? Die Erde ist ein lebendiger Organismus, und kein Modell im Labor kann berechnen, wie der auf die Veränderungen und Zerstörungen reagieren wird. Wer hätte den Tsunami berechnen können, der die minoische Kultur fortschwemmte? Wer hätte gedacht, dass die Ölfelder so schnell gelöscht werden können, die im Krieg in Kuweit entzündet wurden? Wer hätte gedacht, dass halb Gmunden wegrutschen wird, weil der Berg in Bewegung ist und der Boden absinkt? Dass die unsinkbare Titanic ausgerechnet mit einem Eisberg Bekanntschaft machen und sinken würde? Dass ein paar alte Frauen in Indien den Tsunami spürten und ihr Dorf warnten? Doch weil niemand auf alte Frauen hört, folgten ihnen die Dorfbewohner nicht auf den Berg, wo der Tempel ihrer Göttin steht. Die alten Frauen überlebten. Die DorfbewohnerInnen ertranken. Wer hätte voraussagen können, dass ein Seebeben vor Indonesien vor kurzem keinen Tsunami auslösen würde, obwohl eine Warnung ausgesprochen worden war, weil es passieren musste, nach allem, was die Wissenschaft wusste und berechnen konnte?

Wir wissen nichts. Was die Wissenschaft beweisen kann, ist das, was geschehen ist und was daraus errechnet wurde. Es könnte also alles auch ganz anders kommen. Vielleicht ist es wesentlich, wie die Menschen sich miteinander verhalten? Vielleicht gibt es Phänomene, die wissenschaftlich überhaupt noch nicht erfasst wurden? Oder hat die Erde einfach genug von den Menschen und ihren Lebensgewohnheiten und will sie loswerden?

Vielleicht sind die Faktoren, die jetzt zur Erderwärmung und zum Klimawandel führen, die Faktoren, die ihn schließlich wieder aufheben? Vielleicht ist die Tatsache, dass die Ölvorräte der Erde zur Neige gehen, Grund dafür, dass weniger Autos fahren werden, Flugzeugbenzin besteuert und der Flugverkehr zurückgehen wird? Vielleicht kommen ganz andere Probleme auf uns zu, an die wir noch gar nicht denken können, weil uns die Vorstellungskraft fehlt, sie auszumalen? Ja, vielleicht wird es in zwanzig Jahren ein Asteroid sein, der allen Überlegungen und Debatten ein Ende bereitet, weil er nicht wie berechnet 35000 Kilometer an der Erde vorbeisaust. Vielleicht werden Viren eine viel größere Gefahr werden, als der Klimawandel es je sein könnte. Wir wissen es nicht.

Deshalb ist es sinnvoll, mit dem Wenigen, das wir haben und genießen können, liebevoll, respektvoll und hellwach umzugehen, Kontakt aufzunehmen mit allen Wesen der Natur und einen neuen Blick auf die Menschen zu werfen, die wir vielleicht noch nie wirklich wahrgenommen haben. Wir wissen nicht, wie lange wir leben werden, deshalb ist es schön, wenn jeder Augenblick ein guter Augenblick, jede Handlung eine sinnvolle, jedes Wort ein notwendiges Wort ist.

Es war ein Wendepunkt in meinem Leben, ein Augenblick brutaler Erkenntnis. Ich tauchte an einem heißen Tag meinen nackten Fuß in einen Weiher, der Körper sollte folgen. Da hörte ich das Wasser stöhnen: Pfui, da kommt wieder so ein stinkender vergifteter Mensch.

Ich zog den Fuß zurück. Stinkend. Vergiftet. Ich rauchte damals eine Schachtel Zigaretten am Tag, das war alles.

Alles? Vielleicht war es die Erde unter meinen Füßen, die mir den Gedanken hinwarf.

Was ist mit all den Kippen? Ja, tatsächlich, die Erde unter mir regte sich. Wohin schmeißt du sie? Und die anderen Menschen? Wenn von den sechs Milliarden Menschen, die so ungefähr heute auf mir leben, nur die Hälfte raucht und ihre Kippen irgendwohin schmeißt, bekomme ich einen Infarkt. Wenn in hundert Jahren spätestens alle tot sein werden, murmelte die Erde, ist mindestens ein Drittel von ihnen Sondermüll, vollgepumpt mit Medikamenten und Giften. Solange sie lebten, produzierten sie Müll, Dreck, Gift und konsumierten Substanzen, die die mehrfache Lebensdauer eines Menschen brauchen, um zu zerfallen. Nach diesen sechs Milliarden kommen vielleicht zehn oder zwölf. Alle werden Gift produzieren, sich selbst vergiften, in den Tod sinken und alles verseuchen.

Unappetitlich, diese Menschen. Hemmungslos, gierig, ohne jeden Instinkt für Gefahr, sagte die Luft und fuhr in mein Haar.

Die Sonne brannte in meinen Nacken, und ich wagte nicht, ins Wasser zu gehen.

Ich spucke so lange, bis alle weg sind, sagte die Sonne.

SOS, dachte ich. Hilfe. SOS? Save our Souls? Um die Seelenrettung kann es nie wirklich gegangen sein. Selbst wenn ich dem Konzept der Kirche folge, die die Existenz der Seele nach Belieben zuteilt oder abstreitet, ist diese Seele doch schnell gerettet. Du hast jemanden ermordet? Kinder sexuell angegriffen und gefoltert? Ganze Völker ausgerottet? Beichte und bereue, dir wird vergeben. Selbst die Vertreter der Kirche haben das getan, du befindest dich in bester Gesellschaft. Du willst einen Krieg anzetteln, Land gewinnen, Menschen umbringen? Deine Waffen seien gesegnet. SOS kann nicht das Problem sein. Der Ruf müsste heißen: SOA. Save our Arse. Denn es geht immer nur darum: Wer rettet meinen Arsch?

Macht euch die Erde untertan, bis sie unter euren Füßen aufschreit. Macht euch zu Herren über die Natur. Folgen wir den Gesetzen des Christentums, ist die Erde nicht schützenswert, weil sie das Minderwertige darstellt und weit unter dem erhabenen Geist des Menschen, Gottes Ebenbild, existiert. Der erhabene Mensch! Die mindere Kreatur! Leidet! Leiden adelt. Tut Buße. Dann macht weiter!

Ich fürchte, die religiöse Verwirrung hat das Abendland schon zu lange im Griff. Bald wird nicht nur die Sonne untergehen, sondern vielleicht die ganze Spezies Mensch mitsamt ihren Autos, Computern, Häusern, Luxuswaren.

Wer hofft, dass am Ende Gott alles richten wird, kann eine Überraschung erleben: Gott ist tot. Der Beweis? Neulich stand ich auf einem ländlichen Friedhof vor einem Grab. Auf dem Grabstein stand geschrieben:

Hier ruht Rudolf Mayer mit Gott.

Wir könnten also beginnen, uns selbst zu helfen.

Luisa Francia

Berühre Wega, kehr' zur Erde zurück
ISBN 978-3-88104-120-1

Mond • Tanz • Magie
ISBN 978-3-88104-152-2

Drachenzeit
ISBN 978-3-88104-165-2

Zaubergarn
ISBN 978-3-88104-190-4

Spielend Scheitern
Ein Leidfaden für Frauen mit 13 Tips zum Mißerfolg
ISBN 978-3-88104-203-1

Die 13. Tür
ISBN 978-3-88104-210-9

Die schmutzige Frau
ISBN 978-3-88104-226-0

SteinReich
ISBN 978-3-88104-239-0

Auf der anderen Seite der Haaresbreite
ISBN 978-3-88104-252-9

Starke Medizin
ISBN 978-3-88104-266-6

Die Bärin im 11. Haus
ISBN 978-3-88104-293-2

Der wilde Blick
ISBN 978-3-88104-328-1

im Verlag Frauenoffensive

Luisa Francia

Drei Wünsche
Von der Vision zur Magie als Handwerk
ISBN 978-3-88104-317-5

Sanfte Wirbelstürme, vergessene Flügel
Das Rückenbuch
ISBN 978-3-88104-306-9

Der Rest deines Lebens beginnt jetzt
Rituale zur Verzauberung des Alltags
ISBN 978-3-88104-339-7

Die Sprache der Traumzeit
Kunst und Magie
ISBN 978-3-88104-350-2

In den Gärten der Kore
Visionen aus einem weiblichen Universum
ISBN 978-3-88104-360-1

Auf Katzenpfoten zur Nirwanarolle
Ein Übungsbuch mit Audio-CD
ISBN 978-3-88104-369-4

einschlafen träumen ausschlafen
Die Gabe der Schmetterlingsfrau
ISBN 978-3-88104373-1

Wortwechsel
ISBN 978-3-88104-375-5

Dunkle Spiegel
Orakel als Weg in andere Wirklichkeitsebenen
ISBN 978-3-88104-379-3

Hundstage. Krokodilstränen
Leben mit dem Klimawandel
ISBN 978-3-88104-380-9

im Verlag Frauenoffensive